Antoine de Saint-Exupéry

Briefe an Rinette

HERDER / SPEKTRUM

Band 4076

Das Buch

Vom Charme eines Gefühls, das das Leben verzaubert, erzählen die Briefe Saint-Exupérys an Renée de Saussine, seine Rinette. Sie spiegeln das Hoffen und Handeln, das Denken und Fühlen des jungen Antoine. Aus ihnen strahlt der Glanz einer Liebe, die mit dem Herzen sieht, was den Augen verborgen bleibt. Der Schöpfer des unsterblichen Kleinen Prinzen hat diese poetischen Briefe schon sehr früh geschrieben. Sie stammen aus der Zeit von 1923 bis 1931 und beleuchten neun sehr intensive Lebensjahre, Zeiten einer bewegten Jugend, Phasen einer himmelhochstrebenden Hoffnung, neun Jahre intensiver Tätigkeit und neuer Gedanken. Renée de Saussine hat diesen Briefen ein Vorwort beigegeben, das aus frischer Erinnerung heraus das Bild des Menschen und Dichters beschwört und in Gesten und Gesprächen, in einer Fülle von Eindrücken und in den wesentlichen Begegnungen, anschaulich werden läßt, wie er den Freunden lebendig geblieben ist. Dieses Buch ist ein wundervolles Geschenk, nicht nur für alle, die lieben, sondern auch für die, die einen großen Poeten der Liebe näher kennenlernen möchten.

Der Autor

Antoine de Saint-Exupéry, geb. 29. 6. 1900, gest. 31. 7. 1944, ist wohl einer der beliebtesten Schriftsteller unseres Jahrhunderts. Er arbeitete als Handelsvertreter, Flieger, Postkurier, als Kommandant eines Flugplatzes in der afrikanischen Wüste, als Werbeleiter der Air France und, während des Krieges, als Fliegeroffizier. Von einem Aufklärungsflug über dem Mittelmeer 1944 kehrte er nicht mehr zurück. Der „Kleine Prinz" gehört zu den Weisheitsklassikern der Weltliteratur. Unter seinen Werken: Der Flug nach Arras; Die Stadt in der Wüste; Gebete der Einsamkeit u. a. Bei Herder/Spektrum: Briefe an seine Mutter (Band 4007); Man sieht nur mit dem Herzen gut (Band 4039). Zum Werk Saint-Exupérys vgl. auch: Eugen Drewermann, Das Eigentliche ist unsichtbar. Eine tiefenpsychologische Deutung des Kleinen Prinzen (Band 4068).

Antoine de Saint-Exupéry

Briefe an Rinette

Poesie einer Liebe

Mit einer Einleitung von Renée de Saussine

Herder

Freiburg · Basel · Wien

Titel der französischen Originalausgabe
LETTRES DE JEUNESSE
© 1953 by Editions Gallimard Paris
Deutsche Übersetzung von Oswalt von Nostitz
Mit Genehmigung der © 1955 Karl Rauch Verlag KG Düsseldorf

© für diese Ausgabe: Verlag Herder Freiburg im Breisgau 1992
Herstellung: Freiburger Graphische Betriebe 1992
Umschlaggestaltung: Joseph Pölzelbauer
Umschlagmotiv: Marie Laurencin, Fille à la colombe, 1928, National
Gallery, Washington
© VG Bild-Kunst, Bonn 1991
ISBN 3-451-04076-X

In Saint-Maurice besitze ich eine große Truhe. Seit ich sieben Jahre bin, versenke ich darin meine Entwürfe fünfaktiger Tragödien, die Briefe, die ich bekomme, meine Photos. Alles, was ich liebe, denke, und alles, woran ich mich erinnern möchte. Manchmal breite ich alles bunt durcheinander auf dem Parkett aus. Auf dem Bauche herumrutschend, feiere ich dann ein Wiedersehen mit so vielen Dingen. Diese große Truhe ist das einzig Wichtige in meinem Leben.

INHALT

Vorwort

von

RENÉE DE SAUSSINE

Zehn Jugend- und Freundschaftsjahre zwischen zwanzig und dreißig! Diesen Lebensabschnitt kennzeichnen ungewöhnliche Empfindsamkeit, Albereien, Auseinandersetzungen, die häufig ergreifend sind. Später findet Antoine dann als Flieger, als berühmter Schriftsteller seine Einheit, seinen Weg, seinen Ruhm – was auf andere Weise ergreifend ist.

Beim Durchblättern dieser Briefe klingen tausend Erinnerungen wieder an, die alle Tonlagen umfassen: vom stets frappierenden Eindruck bis zur starken Erschütterung ... Ich entsinne mich an eine seiner Gesten, vielleicht die vertrauteste:

Er klemmte eine Zigarette zwischen Zeige- und Mittelfinger der linken Hand und umklammerte zugleich die Streichholzschachtel. Mit der Rechten rieb er ein Streichholz an, das seinen Lichtschein verbreitete, Antoine von unten her anleuchtete, aufflackerte, erstarb. Seine Athletengestalt, sein Gesicht, das an den Harlekin Watteaus denken ließ, tauchten aus der Finsternis auf und entschwanden wieder.

Das währte lange genug, einen Satz oder ein Sonett zu beginnen, damit er eine These heftig, wenn auch mit dumpfer Stimme verteidigen konnte: zu kurz, als daß er zum Schluß hätte kommen können. Im übrigen kamen wir nie zu einem Schluß, da niemand der gleichen Ansicht war. Und Antoines Kunststück begann von neuem, so daß der Aschenbecher bald von Streichhölzern überquoll, die unter seiner unversehrten Zigarette einen winzigen Scheiterhaufen bildeten.

In meiner Familie gingen die Ansichten über ihn auseinander.

»Ein prächtiger Junge!« pflegte mein Vater zu sagen. Aber meine Mutter und meine älteren Schwestern wunderten sich über sein wortkarges Wesen.

Wir, die jüngeren, begegneten ihm hinter diesem Wall des Schweigens, den Kinder so leicht errichten und überschreiten. Wie er blieben wir Kinder.

Antoine ging in die gleiche Schule wie mein Bruder: in die Ecole Bossuet, die Vorstufe zum Lycée Saint-Louis.

Seine Kameraden versicherten: »Das ist ein Kerl! Der lebt von Milchkaffee, um sich einen Sextanten kaufen zu können. Die Aufsätze, die er schreibt, sind Erzählungen. Später wird er sich einen Namen machen.«

Es war eine lustige Gesellschaft, die sich auf das Kadettenexamen vorbereitete und dabei, wie ein Lehrer bemerkte, »verfeinerte Methoden anwandte, um ihre Zeit zu vertrödeln«.

Eines Tages, während eines Verkehrsstreiks, lud mein Bruder – genannt B. B. oder B² – zwei seiner Kameraden zum Mittagessen ein. Seit sieben Uhr früh ersetzten sie die Streikenden auf den Omnibussen. Betätigten sich Antoine und Bertrand als Schaffner? Ich weiß es nicht mehr genau. Der dritte im Bunde chauffierte. (Ich will ihn Eusebio nennen, weil er gut in eine Komödie Mussets hineinpaßt.) An jenem Tage hatte eine Apfelsinenverkäuferin, oder mindestens ihr Karren, darunter zu leiden; die Apfelsinen lagen verstreut auf dem Boulevard Saint-Germain umher.

Wir wußten, daß Antoine schriftstellerte. Am Nachmittag las er uns ein selbstverfaßtes lyrisches Drama vor.

Banditenkönige produzierten sich darin in einem imaginären Königreich, das sie verblüfften, terrorisierten ... Der Autor deklamierte mit einer schwarzen Haarsträhne über dem Auge und einem Papiermesser in der Hand. Welch ein Dolch! Die Geschichte mit den Apfelsinen hatte ich schon vergessen.

Zwei Jahre später fiel Antoine beim Kadettenexamen durch. Welchen Beruf sollte er nun wählen? Wir, die wir zum kleinen Kreis seiner Freunde gehörten, diskutierten häufig darüber. Es war Sommer in Paris. Wenn die Mathematikarbeiten unter der Hitze gelitten hatten, so kam sie jetzt den langen Plaudereien auf den Caféhausterrassen zugute. Saint-Germain-des-Prés war damals schon unser Hauptquartier, und in Antoines Pariser Erinnerungen erhalten die Lokale dieses Quartiers stets einen Ehrenplatz.

»Erinnerst du dich noch an den Kellner bei Lipp? Der sich Haare mit dem Bleistift auf die Glatze zeichnete? An die leeren Zigarettenschachteln, die er sich für sein Töchterchen ausbat – damit es mit ihnen spielen könnte und ihn des Morgens schlafen ließe ...«

Oder man musizierte bei uns zu Hause, in der Rue Saint-Guillaume, und fand in ihm einen ernsten leidenschaftlichen Zuhörer. Zuweilen ergriff er meine Violine und improvisierte wie ein Weltenschöpfer; dann erklärte er plötzlich:

»Gehn wir ins Kino!«

Ich entsinne mich, wie er über Charlie Chaplin im »Pilgrim« seine Bemerkungen machte. Welch eine Entdeckung!

Denn Antoines Reden fanden stets Beachtung und Widerhall, wenn er einmal geruhte, den Mund aufzutun.

Heute noch muß ich an eins seiner Sonette denken, welches das scharfe Profil einer Stadt festhielt:

Un seul oiseau pourrait s'y poser.

»Ein einz'ger Vogel könnte sich dort niederlassen«, skandierte er und legte solchen Wert auf die Kadenz der Worte, daß er den folgenden gefährlichen Ratschlag riskierte:

»Schlechtes Französisch ist immer noch besser als ein schlechter Rhythmus!«

Und so begannen wieder die Diskussionen, in denen er gegenüber dem unverwüstlichen Eusebio den Advocatus Diaboli spielte. Eusebio blieb sein bester Freund, aber sie neckten sich ständig. Was mich betraf, so getraute ich mich eines Tages, für einen literarischen Versuch einen guten Rat zu erbitten. Ich empfing noch etwas Besseres. Nach einer freund-

15

schaftlichen Sympathiebezeugung erhielt ich eine schriftliche Antwort, ein Glaubensbekenntnis.

Das war der erste Brief, den Antoine mir schrieb (S. 33 ff).

Die Stunde des Militärdienstes hatte geschlagen. Mein Bruder ging zur Marine, Eusebio wurde Alpenjäger, Antoine Flieger.

In Le Bourget versucht sich der Unterleutnant des 33. Geschwaders als Luftakrobat. Obwohl er schon verlobt ist, vollführt er tollkühne Kunststücke, fliegt haarscharf über dem Boden. Man gibt ihm den Spitznamen »der Todeskandidat«. Als er eines Sonntags in geringer Höhe die Vorstädte überfliegt, verliert er durch eine Benzinpanne an Geschwindigkeit und stürzt ab. Er hat einen Schädelbruch, braucht lange, bis er wiederhergestellt ist; ein Zerwürfnis mit der Familie seiner Braut ist die Folge, obwohl er seine Entlassung als Militärflieger erwirkt, wie man von ihm verlangt hatte.

Was soll er nun anfangen? Er muß arbeiten, da er nur ein kümmerliches Auskommen hat. Seine Familie – eine Adelsfamilie Südfrankreichs – ist weit. So heißt es, sich durchzuschlagen!

Da sitzt er nun im Büro einer Ziegelbrennerei.

»Das paßt zu mir wie ein Abendkleid mit Schleppe.« Er wird um so melancholischer, je mehr Zahlen er aneinanderreiht. Um sich vor ihnen zu drücken, tritt er bald in die Dienste eines anderen Unternehmens, einer Lastwagenfabrik.

So wird Saint-Exupéry zum Handelsvertreter und versucht, Fünftonner zu verkaufen. Wenigstens kann er nun reisen und die kleinsten Landnester der französischen Provinz entdecken. Bald erhalte ich einen Brief aus Dompierre-sur-Besbre (S. 38 ff).

Im Morvan setzt Antoine seine Reisen fort; Eusebio, der zu ihm gestoßen ist, begleitet ihn. Später durchkämmt er das Departement Creuze, diesmal allein (S. 44 ff).

In Paris fehlte »Saint-Exu« uns sehr ... Gottlob wurde diese magere Zeit, in der wir den freundschaftlichen Austausch entbehren mußten, durch seine Besuche unterbrochen. Dann wanderten wir wieder nach Saint-Germain-des-Prés: zu Lipp oder zur Konditorei »A la Dame blanche«. Sie wurde Schauplatz unserer Diskussionen. Wenn es sich zeitlich einrichten ließ, feierte dort der Pilot a. D. ein Wiedersehen mit meinem Bruder, der als Matrosen-Urlauber aus Brest gekommen war. Bertrand brachte Kameraden mit, und so erweiterte sich der Kreis der Debattierenden. Zu diesen Seeleuten gehörte ein gewisser Albert, ein gescheiter Kopf, aber ein Widerspruchsgeist und leidenschaftlicher Kuchenesser.

»Fräulein«, befahl er, als er kaum in der »Dame blanche« Platz genommen hatte, »Fräulein, bringen Sie uns Babas (Napfkuchen).«
Sodann beschnüffelte er die Babas und rief:
»Fräulein! Was ist das für Rum, bitte?«
»Aber mein Herr . . ., Rum für Babas.«
»Nein, Fräulein, bitte holen Sie die Kassiererin!«
» . . . «
»Fräulein, es ist unmöglich, derartigen Sirup für Babas zu verwenden. Rufen Sie mir den Direktor!«
»Aber mein Herr . . .«
Der Direktor kommt hinzu.
»Mein Herr, ich habe Ihre Babas nur sehr widerstrebend gegessen und kann nicht auch noch die Rechnung schlucken. Ihr Rum, mein Herr, möchte ich Ihnen nur sagen . . . Ihr Rum ist Fötusalkohol! Guten Tag, mein Herr.«
»Ich hab es nicht gern, wenn man ›Geschichten‹ macht«, erklärte Antoine, weniger keck, »aber die geniale Unverschämtheit, die hat was für sich!«

An einem anderen Tag trafen wir uns zu dritt in der »Dame blanche« – meine Schwester Laure, Antoine und ich. Die literarischen Ratschläge stehen auf dem Programm, aber das ganze Interesse wendet sich Pirandello zu, dessen Komödie »Jedem seine Wahrheit« gerade von den Pitoëffs im »Théâtre des Champs-Elysées« aufgeführt wird. Bald

18

kann man erleben, daß die Fräuleins der Teestube wie versteinert dastehen, weil so heftige Worte durch den Raum schwirren . . .

Und es hatte so gut angefangen! Antoine war entzückt über seinen Pariser Aufenthalt und erging sich in Lobesworten über den Empfang durch seine Freunde:

»Du bist ein port (Hafen) für mich, Rinette!«

»Ein porc (Schwein), heiliger Antonius?!«

»Das ist aber ein starkes Stück!«

Er errötete, brauste auf, zerschmolz und erkundigte sich nach unseren Frühjahrsvergnügungen. In diesem Augenblick erschien Pirandello als Spielverderber.

Als der Name fiel, spürte ich, wie eine erste Wolke Antoines Stimme verdunkelte, sah, wie ein Nebel seinen Augen ihren Glanz nahm – diesen großen, schwarzen, so wunderbar unschuldigen Augen, die etwas schräg standen wie Fischaugen.

»Ach!« seufzte er.

Meine Schwester fuhr schnell fort, während ich ihr zustimmte: Wir hatten ja schon »La Belle Aventure« und »Arsène Lupin« gesehen, aber welche Sensation erlebten wir nun auf den Brettern – keine Liebes- oder Detektivgeschichte, sondern Philosophie, und das war noch weit aufregender! »Hm«, brummte Antoine und wurde zusehends immer düsterer.

»Wahrhaftig« – meine Schwester, die den herauf-
ziehenden Sturm nicht bemerkte, wagte sich weiter
vor –, »man muß schon bis zu Ibsen zurückgehen,
um derart gefesselt zu werden!«

Antoine erblaßte.

»Bah«, machte er und schnaufte etwas ... »Wie
kann man das nur vergleichen? Euer Pirandello,
das ist die Metaphysik eines Portiers!«

Er stand brüsk auf, und einer der kleinen Löffel fiel
zu Boden; sein silberner Klang weckte die Kellne-
rinnen aus ihrer Erstarrung.

Der Abschied auf dem Trottoir des Boulevard
Saint-Germain war kühl.

Weshalb dieser plötzliche Zorn? Ibsen war mir von
der »Wildente« her in Erinnerung, die mich sehr
bewegt hatte. Aber war es blasphemisch, daß sich
nun eine andere dramatische Kraft äußerte? Was
die Metaphysik betraf, so gaben sich Pirandello
und sein Publikum, darunter wir, damit ab, ohne
es zu ahnen. Blieb noch das Epitheton »Portier«.
Das war nicht so leicht zu schlucken.

Offenbar litt auch er darunter: gewiß verging ein
Teil der Nacht, bis er die Stellung des künftigen
Saint-Ex gegenüber dem philosophischen und literarischen, zugleich aber auch sozialen Problem präzisiert hatte. Dem allen gingen Ratschläge vor-
aus, wie wir sie in der Teestube erbeten hatten.
Und das Ganze war in einem dicken Brief ent-

halten, der mir um acht Uhr früh ins Haus gebracht wurde (S. 50 ff).

Auch Geschäfte muß man um ihrer selbst willen lieben. Man kann nicht in der »Dame blanche« von Babas, Speiseeis und Philosophie leben. Antoine hatte im Lauf eines Jahres einen einzigen Lastwagen verkauft. Die Direktoren seines Unternehmens fanden ihn reizend, aber unpraktisch.
Doch auf dem literarischen Himmel ging sein Stern auf.
Eine Cousine Saint-Exupérys, die rege wissenschaftliche Interessen hatte, empfing als Dame von Welt viele Schriftsteller freundschaftlich in ihrem Hause.[1] Dort kam Antoine mit André Gide, mit Ramon Fernandez und mit Gaston Gallimard, seinem künftigen Verleger, zusammen. Und durch sie lernte er Paul Valéry, Léon-Paul Fargue, den ganzen Stab der »Nouvelle Revue Française« kennen ... Einer der Mitarbeiter, Jean Prévost, befaßte sich mit Neuerscheinungen. Als er mit Saint-Exupéry ins Gespräch kommt, fällt ihm auf, welch eine Sehnsucht nach der Fliegerei den jungen, ehemaligen Piloten erfüllt. Welche Kraft spricht aus den Worten, mit denen er sie äußert! »Alles das müßten Sie einmal niederschreiben!«
»Meinen Sie?«
Jean Prévost, Redaktionsmitglied des »Navire

d'Argent«, macht bald danach Adrienne Monnier, die Herausgeberin und Begründerin, mit einem jungen Autor, mit Antoine de Saint-Exupéry bekannt. Seine Erzählung »L'Aviateur« (»Der Flieger«)[2] wird nicht nur in dieser Zeitschrift erscheinen, sondern auch in der freundlichen Umgebung der »Amis des Livres«, der Buchhandlung Adrienne Monniers, 7, Rue de l'Odéon, die seither berühmt geblieben ist.

Es tut wohl, wenn man auf solche Weise entdeckt und anerkannt wird.

»Ich möchte glücklich sein – trotz allem!« ruft er manchmal aus. Aber was hilft es! Abends muß er wieder in die Provinz zurück.

Wir alle, seine Freunde, litten ebenso wie er selber unter dieser seiner Tätigkeit als Handelsvertreter. Ich sah Antoine schon wie einen Helden Balzacs Gold und Ruhm, Paris und die Welt durch seine Feder erobern – und wahrhaftig sollte ihm eines Tages die Welt zu Füßen liegen! Als ich ihn nach diesem ersten Erfolg verwundert fragte, weshalb er nicht einfach Schriftsteller würde, antwortete er: »Bevor man schreibt, muß man leben.«

Das war die schöne Abwandlung eines anderen Satzes, den er schon niedergeschrieben hatte: »Schreiben ist erst die Folge.«

Abermals sieht er sich nach einer Tätigkeit um. Einer seiner früheren Lehrer kennt den Direktor der Fluggesellschaft Latécoère. Neue Handels- und Postflugzeuge sollen in Dienst gestellt werden. Neue Piloten werden gesucht. Antoine hört den alten Ruf; er entscheidet sich: Schluß mit Büros, Geschäftemachen und Lastwagen!

»Ich konnte nur ein einziges Kapital riskieren: meinen Kopf«, erklärte er hellsichtig.

Sein Bewerbungsschreiben geht ab. Dann verabschiedet er sich überstürzt (S. 64 ff).

Antoine war nun fern von uns; daher schrieben wir ihm. Auch ich schrieb. Aber nicht genug. Nicht schnell genug. Wie die Heilkundigen brauchten wir Zeit, um jenes Elixier gegen die Einsamkeit zu erneuern, das er von uns verlangte.

Und so kreuzten sich die Briefe, ohne daß sich aus unserer »freundschaftlichen Zuneigung« jene einzige Liebe herausdestilliert hätte, die schnell ihren Weg geht. Er aber sandte uns aus Toulouse, seinem Heimathafen, die ersten Berichte über seine neue Existenz (S. 75 ff).

Eine kleine Unstimmigkeit oder ein längeres Stillschweigen genügten, damit sich die Themen gebieterisch meldeten, die Antoines innerster Natur entsprachen: die Melancholie, von der Goethe gesagt hat, sie sei eine dem Genie eigene physische Eigenschaft; die Verwundbarkeit des Dichters gegenüber

23

den Zufälligkeiten des Lebens, wodurch er jedoch befähigt wurde, die himmlischen Stimmen zu hören; die umdüsterte oder nach seinen eigenen Worten »fast wunderbare« Einsamkeit; die angstvolle Suche nach dem »Sinn des Lebens«; die Naturverbundenheit, bei der es nicht ohne Zusammenstöße abging: Einfluß des Wetters, Kampf mit den Elementen; doch dann folgten Augenblicke seliger Entspannung, in denen sich Humor und Lebensfreude einstellten. Stets allmächtig war der Anruf des Berufs; es lockte die Gefahr, die sich immer mehr steigerte, je weiter ihn sein Weg führte. Der Brief, der diese Gefahr präzisiert, ist von solcher Tragweite, daß Antoine selber darin eine erste Begegnung mit dem Tode sieht – dem Tode, der ihm im übrigen keinerlei metaphysische Angst einjagte:

»Er ist wie eine Geburt.«

Und er sprach oft davon.

Doch diesmal tauchte plötzlich die Angst auf: »... eine neue, undefinierbare Erkenntnis.«

Als gelte es, eine furchtbare Schwelle zu überschreiten, weicht er bis zu seiner fernsten Kindheit zurück und sucht von dort aus Anlauf zu nehmen: »Das erinnert mich an meine Reiseträume, als ich noch klein war.«

Noch ein anderes Jenseits scheint ihm mit dem Tode vergleichbar zu sein, ebenso abgeschlossen, genauso unzugänglich: das Universum des Herzens. »Das erinnert mich an ein Gesicht... Ich spürte den genauen Augenblick der Zerstreutheit.« Es ist der Augenblick, da er: »Bruch. Suchen. Absturz unvermeidlich« zwischen Himmel und Erde niederkritzelt, die Sekunde, in der die Angst aufsteigt (S. 83 ff).

Wollte man Antoines menschliche und dichterische Resonanz mit derjenigen einer Stradivarigeige vergleichen, so müßte man sie seiner *Seele* zuschreiben. Ebenso wie bei dem kostbaren Instrument kommt es auf die präzise Einbeziehung dieses vibrierenden Brennpunkts an. Der unglaubliche Druck der Saiten, des Arms, des Bogens – diese Prüfung wird durch die »Seele« gemeistert, durch ein Lied gekrönt.
Doch die ernste Saite kann nicht immer anklingen. Im Spiel des großen Künstlers – und das ist Saint-Exupéry bereits – kehren die brillanten, neckischen, zärtlichen Variationen wieder, die seiner anderen Freundin: der Provinz gelten. »Tonio ist ein Provinzler«, pflegte Léon-Paul Fargue zu sagen. Das Band, das ihn mit dieser Freundin verknüpfte, mochte vergehen; im Gemüt blieb eine Spur von ihr zurück. Zuweilen zaubert er richtige Bühnenbilder hervor: lokale Balletts, ein jedes mit seinem Star. Wir sehen den Zeitungskiosk und die Tabak-

verkäuferin in Toulouse; Pepita, die spanische Pensionsmutter. Da erscheint die kleine andalusische Stadt in ihrer funkelnden Silvesternacht. Da präsentieren sich alle Carmen Alicantes und die Kurzwarenhändlerinnen Perpignans (S. 96 ff).

Antoine sorgt nunmehr für die Sicherheit des regelmäßigen Flugverkehrs nach Dakar; trotz des Zustandes der Maschinen und der Motoren; trotz der feindseligen Haltung der Araber. Mehrere Stämme sind aufsässig. Sie schießen auf die Flugzeuge, halten die Piloten zurück, erpressen Lösegelder von ihnen, martern sie.

Früher bedrückte ihn das gesellschaftliche Leben: »Ich habe ein zu großes Freiheitsbedürfnis.« Jetzt raubt ihm die Gefahr, in der seine Kameraden schweben, den Schlaf. Sie überfliegen ein Land, das nahezu Kriegsgebiet ist, aber die enge Solidarität, die in Afrika entsteht, wird dauern, sich noch verstärken. Im Schoße dieser Brüderlichkeit vergehen die Züge Antoines, »Saint-Exus«; das fortan legendäre Gesicht Saint-Ex' tritt an ihre Stelle.

Bald wird er zum Kommandanten von Cap Juby ernannt; eine Baracke erwartet ihn dort in der Nachbarschaft eines spanischen Forts; Cap Juby ist eine Zwischenstation inmitten der Wüste – der Wüste, die sich in vollem Aufruhr befindet. Unter dem Gewehrfeuer der feindlichen Stämme, die ihre

Beutezüge unternehmen, müssen Reparaturen ausgeführt werden; es kommt zu Kämpfen oder Vereinbarungen mit den Mauren. Es gilt, die Spanier, die eventuell als Verbündete in Betracht kommen, zu überzeugen.

»Welch verheißungsvoller Neujahrstag!« hatte er am 1. Januar 1927, in einer zauberhaften Nacht, ausgerufen. Zwei Tage später – am 3. – hielt er Waffenwache, wobei ihm sein hin und her gerissenes, aufgelöstes Bild wiederum entschlüpfte: »Ich bin ein Spielball der Winde ... niemals erkenne ich mich ...« Aber damit Saint-Ex als gewappneter Ritter aufstehen und die Mauren befrieden kann, müssen erst der Gymnasiast, der Page, der kleine Prinz in Schlaf sinken (S. 107 ff).

Im Frühjahr 1929 ist Afrika erobert. Zwei Jahre genügten. Schon häufen sich die Berichte und Zeugnisse. Saint-Ex im Fort von Cap Juby erinnert an einen mittelalterlichen Helden. Da haust er in einem feindlichen Lande, zwischen Agadir und Cisneros, trotzt dem glühenden Himmel die Ankunft und den Start seiner Flugzeuge ab, setzt alles ein, um ihre Sicherheit zu gewährleisten. Er ist allein auf seinem verlorenen Posten; in seiner Zelle aus Brettern; in seinem Schlafrock, der Berühmtheit erlangte:

»Ein richtiges Mönchsleben führe ich hier!«
Vor allem ist es ein verantwortliches Leben. Im
Flugzeug, auf dem Kamel, zu Fuß setzt er tausend-
mal sein Leben ein. Er kämpft blutige Schlachten
aus oder diplomatische Fehden, rettet Piloten aus
verzweifelter Lage, beweint die Opfer. Er bezähmt
oder besiegt seine Feinde, überzeugt die Spanier,
daß ihr Beistand dringend geboten sei. Es geht eine
Ausstrahlung von ihm aus. Deren verblüffende Wir-
kung übertrifft selbst seine militärische Leistung.
In diesem Kreuzzug neigen sich die Stirnen.
Saint-Exupéry erlangt einen Urlaub, um nach
Frankreich zurückzukehren. Hat er nicht zunächst
seine eigene Einheit und dann die der Gruppe,
der Gemeinschaft verwirklicht? Auf der Heimreise
nach Paris führt er das Manuskript des »Südkurier«
mit sich, es ist die Ehrung, die er den ersten Mär-
tyrern der Fluglinie erweist.

Eine weitere Etappe muß noch zurückgelegt werden. Nach seiner Rückkehr nach Paris wird Antoine zum Direktor der »Aeroposta Argentina« ernannt. Im Herbst 1929 muß er seinen Posten in
Buenos Aires antreten. Seine unmittelbare Aufgabe
besteht darin, bis nach Feuerland neue Fluglinien
zu planen und einzurichten. Für Antoine ist dieser
Sprung über den Atlantik der goldene Pfeil, der
ihm noch fehlte: der Erfolg.

Die Schilderung der Abenteuer »Saint-Ex'« bleibt nun nicht mehr auf den Kreis der Kameraden, der Freunde beschränkt; sie erreicht die Unbekannten, das Ausland.

In fünfzehn Jahren, den Krieg und seine grausame Apotheose mit eingeschlossen, wird das Heldenlied seines Fliegerlebens zur Legende. Seine Bücher gewinnen nicht nur literarisches Ansehen; sie werden volkstümlich, erlangen Weltruhm.

Und es hat den Anschein, daß der zerstreute kleine Prinz diesen Ruhm nur als die Vorahnung einer letzten Entrückung empfunden hat (S. 115 ff).

BRIEFE
AN RINETTE

I

Rinette

Meine Zerstreutheit ist wirklich unverzeihlich, denn ich habe immer noch Deine Erzählung bei mir; meine Vergeßlichkeit hat mir aber das Foto eines entzückenden Fleckchens Erde eingetragen, und so bereue ich nichts.

Ich wollte Dich am Sonntag anrufen, um mich endlich zu entschuldigen, aber Du warst nicht da, und durch Frau de Saussine hörte ich von dem schweren Verlust, der Dich betroffen hat. Rinette, ich kann Dich nur an meine alte Freundschaft erinnern und Dir sagen, wie sehr ich mit Dir fühle. Gestern abend habe ich den Triumph des schönen Eusebio erlebt. In einem überfüllten Saale berichtete er, wie man Berge erklettert, die spitzer sind als Kirchtürme. Er sprach nachlässig von seinen Heldentaten, und den alten Damen gruselte es. Er erzählte nicht so übel, aber die Beschreibungen, Rinette... Den »erhabenen Gipfeln«, dem Himmel, dem Morgen- und Abendrot verlieh er die süßlichen Farben von Zuckerbäckereien, von Karamelbonbons. Die Bergspitzen schimmerten rosa, die Horizonte waren milchig, und die Felsen wurden von den ersten Strahlen der Sonne vergoldet.

Die Landschaft sah aus, als wenn man sie essen könnte.

Während ich ihm zuhörte, dachte ich an die Nüchternheit Deiner Erzählung. Man muß arbeiten, Rinette. Du stellst gut das besondere Kennzeichen eines jeden Dinges heraus: das, was ihm ein Eigenleben verleiht. Bei Eusebio bleiben die Gegenstände Abstraktionen. Sie sind »der Gipfel«, der Sonnenuntergang, das Abendrot. So was wird aus dem

Requisitenlager hervorgeholt. Je mehr er sie beschreibt, um so unpersönlicher wird alles.

Die Methode ist schlecht, oder vielmehr fehlt es an der Schau. Man muß nicht schreiben, sondern sehen lernen. Schreiben ist erst die Folge. Eusebio nimmt einen Gegenstand und sucht ihn zu verschönern. Die Epitheta werden als Farbschichten aufgetragen. Er legt nicht das Wesentliche frei, sondern fügt willkürliche Ornamente hinzu. Wenn es sich um eine Bergspitze handelt, so wird er von Gott, von lila Farbe und von Adlern reden. So wird man nacheinander erhoben, gerührt und erschreckt. Das ist gemogelt. Man muß sich sagen: ›Wie soll ich diesen Eindruck wiedergeben?‹ Dann entstehen die Dinge durch die Reaktion, die sie in einem auslösen, und ihre Beschreibung geht in die Tiefe. Nur ist das kein Spiel mehr.

Ich spreche Dir von Eusebio, weil seine Mängel durch den Kontrast die Vorzüge deutlich hervortreten lassen, die Dir eigen sind und die Du pflegen mußt. Geh nur immer von Deinem Eindruck aus! Er kann unmöglich banal sein. Deine Erzählung wird dann durch ein inneres Band zusammengehalten. Ein nicht aus Stückchen zusammengeflicktes. Sieh doch, wie die zusammenhanglosesten Monologe bei Dostojewski den Eindruck erwecken, daß sie notwendig und folgerichtig sind, daß sie getragen werden. Das Band ist inwendig. Und wie viele Gestalten so mancher anderer, deren gut gebaute Psychologie man in Anführungszeichen setzen könnte, bleiben willkürlich in ihren Worten, ihren Handlungen, trotz äußerlicher Folgerichtigkeit. Es sind das künstliche Konstruktionen wie die Berge Eusebios. Man erschafft nicht dadurch ein lebendiges Wesen, daß man ihm Vorzüge und Mängel beilegt und daraus den Roman herleitet, vielmehr muß man dafür erlebte Eindrücke wiedergeben. Eine Empfindung, selbst eine so einfache wie die Freude, ist allzu verwickelt, als daß man sie erfinden könnte, falls Du Dich nicht damit begnügen willst, von Deinem Helden zu sagen: ›Er freute sich‹: dadurch wird aber nichts ausgedrückt, nichts, was individuell wäre. Eine Freude ähnelt nicht der anderen. Und gerade diesen Unterschied, das Eigenleben dieser Freude, gilt es auszudrücken. Doch dabei darf man nicht pedantisch sein, man darf diese Freude nicht erläutern. Durch ihre Auswirkungen, die Reaktionen des sich freuenden Menschen, muß man sie ausdrücken. Und dazu braucht man nicht einmal zu sagen: ›Er freute sich‹; diese Freude wird in ihrer Eigenart von selber entstehen, wie eine bestimmte Freude, die Du erfindest und auf die sich kein Wort genau anwenden läßt. Bist Du der Meinung, das Wort »Freude« genüge, um die Freude Deines Helden auszudrükken, so bedeutet das, daß sie künstlich ist, daß Du nichts zu sagen hast.

Ich komme mir albern vor, so höre ich auf. In der kleinen Kneipe, in der ich schreibe, produziert ein mechanisches Klavier eine sentimentale Weise. Die Kassiererin wiegt sich von rechts nach links. Der Wirt hat keine weiteren Wünsche mehr und gähnt. Der Kellner hüstelt und umkreist mich, weil ich der letzte Kunde bin, weil er müde ist – es ist melancholisch. Ich komme mir überflüssig vor, ich mache mich davon.

Ich habe Dir noch nicht dafür gedankt, Rinette, daß Du mir neulich diese Stücke von Bach vorgespielt hast. Ich kann so schlecht Danke sagen, aber Du hast mir wirklich sehr viel Freude gemacht.

Der Kellner, Rinette, hat sich jetzt vor mir aufgebaut und schwingt seine Serviette wie einen Besen. Also leb wohl, Rinette...[3]

Antoine

II

Dompierre-sur-Besbre

Rinette, verzeih das Papier des winzigen Cafés, auf dem ich schreibe. Ich habe mich in eine Herberge aus der guten alten Zeit geflüchtet, denn draußen tobt ein solcher Schneesturm, daß ich den Weg nicht mehr fand.
Wie ein Pilgersmann sah ich aus in meiner schönen weißen Kutte.

38

Drollige kleine Landorte sind das, in denen ich mich jetzt herumtreibe. Ein Freund holte mich in Montluçon mit seinem Wagen ab, und dann sind wir zusammen spazierengefahren. Gestern abend um neun Uhr kamen wir hier an und erfuhren, daß die Jugend des Städtchens eine große Aufführung im Rathaus veranstaltete. So wurden wir gleich auf den ersten Anhieb in die Intimität von Dompierre-sur-Besbre aufgenommen. Eingezwängt zwischen einer dicken Kolonialwarenhändlerin und dem Apotheker erfuhren wir schon in den ersten fünf Minuten den Vornamen des Tenors und wurden in die Liebesabenteuer der Bürgermeisterstochter und die Vorzüge des heimischen Landweins eingeweiht. Welch ein Vertrauensbeweis! In dieser Umgebung wurde uns heiß und warm bei jedem patriotischen Couplet. Da mußte man nun hierherkommen, um die alte patriotische Walze noch intakt zu finden mit ihrem altmodischen und charmanten Vokabular. »Die Germanen«, »die Barbarenkrieger«, »der eidbrüchige Kaiser«. Ein Besuch beim Antiquar, wo man gerührt die Rokokoschmucksachen unserer Großmütter entdeckt.

Ein Tusch, Rinette, mit allen Trompeten! Picklige Gymnasiasten bliesen hinein. Bei den Fortissimi hatte man Angst für ihre Backen.

Auf einmal ging das Licht aus: Kerzen, unterdrücktes Lachen, Unterhaltungen zwischen den

Schauspielern auf der Bühne und den Eltern im Saal. »Ach, bist du's, Marcel?« »Ja ... mein Bart geht ab!« Doch en famille wird er wieder angeklebt. Und dazu unsere vertraulichen Unterhaltungen, Rinette, mit der Kolonialwarenhändlerin, mit dem Apotheker ...

Ich begleitete meinen Freund bis Roanne; er ist kurzsichtig und hielt in der Nacht jeden Reflex der Straße für eine Viehherde. Ich fuhr ihn in tollem Tempo durch verschlafene Landstädtchen. Niedrige zusammengedrängte Häuser. Und dann Roanne, welch trauriger Empfang! Zuerst eine riesige Fabrik am Horizont, große geometrische Fensterfronten in greller Beleuchtung. Und dann eine zweite Fabrik und dann eine dritte.

Es regnete, es war zwei Uhr nachts, und man sah nur diese Fabriken und die metallischen Wasserpfützen vor den Bogenlampen. Und dann Vororthäuser mit Gasbeleuchtung alle hundert Meter, wie Festungswerke. Eine endlose Reihe viereckiger Häuser. Ab und zu ein düsterer Laden: »Fahrräder«. Kein Mensch auf der Straße. Schließlich vorm Bahnhof ein Hotel, wo ich schlafen und auf den Zug warten kann, der mich wieder in das Fürstentum Dompierre-sur-Besbre bringt. Roanne ... dieser Name hat so recht den heiteren und gastlichen Klang, der dazu paßt.

Es schneit nicht mehr. Es wird hell. Hab ich das Dir zu verdanken? Morgen fahre ich wieder nach Montluçon. Die Stadt besteht aus einem Boulevard – Boulevard de Courtais –, wo man um fünf Uhr nachmittags promeniert wie im Bois de Boulogne. Zahllose Fabrikmädchen schlendern langsam nach Hause, begleitet von Radfahrern in Trikots: den Gigolos des Ortes.

Letzten Sonnabend hatten wir gehört, daß in Montluçon getanzt würde, und sind hingegangen. Tanz in Montluçon, das versprach lustig zu werden ... O weh! Kein Barkeeper, keine Cocktails, kein Jazz. Ein offizieller Ball, wo unterm gestrengen Auge der Mütter gewalzt wurde. Man sagte sich: »Und Ihre Frau Gemahlin? Wie geht es dem Fräulein Tochter?« Die »Gemahlinnen« bildeten ein Karree an den vier Enden des Saales. Die alte Garde. Friedliche Wiederkäuer. In der Mitte drehten sich, rosa oder himmelblau, die »Fräulein Töchter« in den Armen der Radfahrer. Die Mütter wirkten wie eine Jury. Die Radfahrer hatten neue und steife Smokings gehißt, die nach Naphthalin rochen. Sie betrachteten sich in allen Spiegeln. Sie zerrten an ihren Manschetten, sie reckten den Hals, weil der Kragen sie kratzte. Sie waren glücklich. Ich bin auch allein in Argenton gewesen. Ein reizender kleiner Flecken. Eine Dampftrambahn, die man alle vier Stunden wie ein Spielzeug auf winzigen

Schienen spazierenführt, macht den einzigen Lärm in der Stadt. Es war prächtiges Wetter, und ich bin herumgebummelt. Von jedem Friseurladen schlug einem eine frische Brise entgegen, und auch von den Milchläden und den Obstständen. Schließlich setzte ich mich auf die Brüstung einer alten Steinbrücke. Meinen Hut legte ich neben mich und verspürte ein großes Freiheitsgefühl. Mein Hut ebenfalls. Er schwimmt gegenwärtig nach Amerika. Ich sah zu, wie er sich langsam entfernte, gewandt um die Ecke bog und verschwand. Ich war nicht einmal wütend, ich war melancholisch.

Ich ging mir dann einen neuen kaufen. Die Hutmacherin war zugleich auch Modistin. Ein sittsames und liebenswürdiges junges Mädchen. Auf einem Tisch sitzend, machte ich ihr den Hof. Sie erzählte mir von ihrer »Tante« und ihrem »Vetter«, als wären sie alte Bekannte von mir. Ich interessierte mich sehr dafür. Ich fragte sie: »Ist Ihre Tante schon alt?« Sie antwortete: »Na, hören Sie . . .« Ich hatte nicht einmal erraten, daß ihre Tante noch jung ist! Ich stellte keine weiteren Fragen mehr, sagte verständnisvoll »ja . . .« Und dann ging ich zur Bahn.

Ich verlasse Dich jetzt, Rinette, ich fahre nach Moulins, dort werde ich diesen Brief einstecken. Antworte mir doch mit einer kleinen Zeile, Montluçon postlagernd. Sei so lieb! Da ja die Rue Saint-Guillaume zu weit weg ist!

Bitte lege mich Frau de Saussine zu Füßen und glaube, liebe alte Rinette, an die tiefe Freundschaft, von der Du weißt.

Antoine

III

LE MORVAN ILLUSTRÉ (I)
Vieille chaumière

(Gemeinsame Postkarte von Antoine und Eusebio)

ANTOINE

Alte Rinette
Wir sind beim Mittagessen. Wir möchten Dich einladen, aber das wäre etwas schwierig. Schade, denn Eusebio ist zufällig glänzender Laune.

44

EUSEBIO

Ich weiß nicht, ob ich das gleiche von Antoine sagen kann, der sich eben den Finger verbrannt hat, als er mit dem Feuer gokelte und Dich, holde Rinette, gern als Krankenschwester hätte.

ANTOINE

Eusebio ist sehr zufrieden mit seinem Satz. Wenn Du nur seine affektierte Miene sehen könntest ...

EUSEBIO

Um diesen Quatsch hinzuschreiben, hat Antoine auch den für die Adresse bestimmten Teil der Karte benutzt. Durch seine Unüberlegtheit werden wir daher ruiniert (40 Centimes).

ANTOINE

Nun ist die Reihe an mir, liebenswürdig zu werden. Was täten wir nicht alles für Dich!

EUSEBIO

Antoine gibt an. Er sagt, wir wären beim Mittagessen. Das stimmt nicht: wir warten – sogar schon lange.

ANTOINE

Aber wir trinken.

ANTOINE

... Die andere Karte hatte *ich* ausgewählt: sie ist entzückend – diese hier, die ganz konventionell ist, stammt von Eusebio.

EUSEBIO

Sieh doch diesen Laffen, der die Postkarten wegen ihrer Fotos aussucht! ... Wir gehen jetzt zu Tisch.

ANTOINE

Wegen meines Satzes hat sich Eusebio mit mir verkracht. Dadurch habe ich viel Platz, um Dir zu schreiben.

EUSEBIO

Seine Schularbeit macht Antoine so sehr zu schaffen, daß er ganz vergißt, seine Hasenpastete einzufahren.

ANTOINE

Eusebio läßt seine Freundinnen wegen einer Hasenpastete im Stich. Damit kann er keinen Staat machen!

EUSEBIO

Alles zu seiner Zeit! Wenn Du den dicken Pausback nur sehen könntest! Jetzt hat er seinen Füller mit der Gabel vertauscht und schlingt alles in sich hinein . . .

ANTOINE

Jetzt verkrache *ich* mich mit Eusebio! Er ist gar nicht gut erzogen. Ich trage nun keine Bedenken mehr, die Vorderseite seiner mondänen Karte zu beschreiben. Rinette, wir versöhnen uns wieder, um an die *Rue Saint-Guillaume* zu denken, die eine große Zuflucht ist, und um Dir für Deine Freundschaft zu danken.

Antoine

EUSEBIO

Das ist das einzige *wirklich* Vernünftige, was ihm eingefallen ist, der tauben Nuß, ihm, nicht Dir.

IV

GRAND HÔTEL CENTRAL
Place Bonnyaud
Guéret (Creuse)

Guéret, den ... habe keine Ahnung 192 ...

Rinette, ich schicke Dir eine kleine Zeile. Ich nehme
an, Du wirst mir nicht antworten.

Ich habe nicht viel zu erzählen, denn mein Leben besteht aus Kurven, die ich so schnell nehme wie möglich, aus Hotels, die sich alle gleichen, und dem kleinen Platz dieser kleinen Stadt, in der die Bäume aussehn wie Besen.

In zehn Minuten fahre ich weg und bin zweihundert Kilometer unterwegs.

Ich habe gearbeitet, stell Dir das vor, und vielleicht bist Du die Ursache, bist mein Manager...

Ich möchte Dir gern schnell diese Erzählung vorlesen, die mich selber entzückt! Du mußt sie gern haben, sonst schreibe ich niemals mehr etwas.

Ich bin etwas melancholisch: Paris ist weit. Ich mache eine Schweigekur.

Vielleicht hast Du, im Grunde, Mitleid mit meinem Exil?

Dein alter Antoine

V

(Paris)[4]

Meine alte Rinette

Hier bringe ich Dir den Roman von Madame de…
zurück. Ich füge diesem Brief meine Betrachtungen
darüber bei. Weil das Buch gute Dinge enthält,
spreche ich auch von den Mängeln; sonst hätte ich
mich nicht damit abgegeben. Und dann sind diese

Beanstandungen ja ganz persönlich, und bestimmt haben viele Leute eine andere Auffassung von der Literatur als ich. Was mir im übrigen völlig gleichgültig ist.

Ich bin sehr bedrückt, weil ich die Empfindung hatte, daß ich wegen Pirandello etwas heftig gewesen bin. Sogar äußerst unangenehm. Und dieses Wort: »Metaphysik eines Portiers« liegt mir auf dem Magen. Es war nicht sehr liebenswürdig. Aber ich habe es schon so oft auf Pirandello angewandt, daß es mir aus Gewohnheit auf die Zunge kam. Nachher hatte ich dann das schöne Gefühl, einen Fauxpas begangen zu haben.

Doch ich muß Dir erklären, was ich meine, denn es handelt sich immerhin um eine wichtige Frage, der man nicht aus dem Wege gehen darf. Ich kann die Ideen nicht als Tennisbälle oder als mondänes Wechselgeld ansehen. Ich habe überhaupt keine mondänen Qualitäten. Wenn man denkt, so ist das kein Spiel. Sobald dann die Unterhaltung zufällig ein Thema berührt, das mir am Herzen liegt, werde ich unverträglich und lächerlich, und Eusebio sagt ganz mit Recht, daß man mit mir nicht diskutieren kann. Und wenn es mir auch unendlich leid tut, daß ich von »Metaphysik eines Portiers« gesprochen habe, bedaure ich doch keineswegs, daß ich wütend wurde.

Denn siehst Du, Rinette – ganz abgesehen von der literarischen Frage ist man nicht befugt, einen Menschen wie Ibsen mit einem Herrn wie Pirandello zu vergleichen. Auf der einen Seite steht da einer, der sich mit den höchsten Dingen abgegeben hat. Er hat eine soziale, eine moralische Aufgabe erfüllt, einen Einfluß ausgeübt. Er schrieb, um den Menschen begreiflich zu machen, was sie nicht begreifen wollten. Er befaßte sich mit den intimsten Problemen, namentlich mit der Frauenfrage, auf eine Weise, die mir großartig vorkommt. Kurzum: Ibsen, mag er nun Erfolg gehabt haben oder nicht, suchte uns nicht ein neues Lottospiel, sondern eine Speise zu geben. Sein Werk spielt sich auf einer menschlichen Ebene ab. Du bist unmittelbar an seiner Wahrheit oder auch an seinen Irrtümern interessiert, jedenfalls dann, wenn Du der Ansicht bist, daß Dein inneres Leben die wesentliche Seite des Lebens ausmacht.

Und auf der anderen Seite steht Pirandello, der vielleicht ein bedeutender Theatermann ist – davon werden wir gleich noch reden –, der aber erschaffen und in die Welt gesetzt wurde, um die Leute von Welt zu zerstreuen und ihnen zu erlauben, daß sie mit der Metaphysik spielen können, so wie sie das bisher schon mit der Politik, den allgemeinen Ideen und den Ehebruchsdramen getan haben. Gewiß ist das nicht idiotischer als Bridge spielen. Aber Du hast nicht das Recht, eine Parallele mit Ibsen zu ziehen. Ibsen wollte weder interessieren noch zerstreuen. Er wollte Dinge begreiflich machen, die er für wahr hielt. Und in diesem Falle steht der Mensch höher als sein Werk, wie es auch aussehen mag.

Versteh mich recht: ich hab Dir keinen persönlichen Vorwurf gemacht ... ich hab auch keine literarische Meinung vertreten – es wäre anmaßend gewesen, wenn ich das so heftig getan hätte –, aber es geht dabei gewissermaßen um eine Frage der Moral.

Was nun den Wert Pirandellos betrifft, so bin ich gerade wegen der Dinge, die Du an ihm schätzt, voller Mißtrauen. Ich will meine Argumente einteilen:

1. Die Kühnheit, daß er ein metaphysisches Problem auf die Bühne bringt. Er ist nicht der erste. Eine Reihe von Idioten, wie Lenormand zum Beispiel, hat das schon vor ihm getan.

2. Die Originalität seines Themas. Es handelt sich dabei nur um einen Gemeinplatz aus einem Lehrbuch. Ein siebzehnjähriger Naseweis, der Philosophie studiert, seine Vorlesungen schlecht verdaut und alles durcheinanderbringt, geht noch sehr viel weiter. Der empfindet sogar einen edlen Stolz, wenn er die Außenwelt einfach wegleugnet. (Nur

hat er vergessen, die Bedeutung des Wortes »Existenz« in seinem Lehrbuch zu lernen.)

3. Das Interesse an diesem Thema. Es ist in dem Stück Pirandellos gleich Null: entweder läßt es sich auf einen, nicht einmal philosophischen Gemeinplatz zurückführen, oder es ergibt keinen Sinn. a) Ein Gemeinplatz: Du wußtest schon vor Pirandello, daß wir für jeden unserer Freunde verschieden sind, weil jeder in uns andere Saiten anklingen läßt und weil ein Mensch für den anderen die Gesamtheit der Reaktionen darstellt, die er in ihm hervorruft, genauso, wie auf der materiellen Ebene ein Tisch die Summe der visuellen und durch den Tastsinn bewirkten Reaktionen darstellt, die er in uns erweckt. Offensichtlich werden wir uns nicht des »Seins an sich«, des »Tisches an sich« bewußt. Schon vor Pirandello war Dir bekannt, daß zehn Zeugen zehn Versionen von dem gleichen Vorgang haben. Das ist kein metaphysisches Problem mehr. b) Oder das Problem Pirandellos ist wirklich ein metaphysisches, betrifft die »Wahrheit an sich«, hat aber gar keinen Sinn, da er es falsch gestellt hat. Nehmen wir ein entsprechendes und einfacheres Problem: die Existenz der Außenwelt, unseres Tisches beispielsweise. Existiert er »an sich« oder nicht? Die zu leistende Gedankenarbeit zerfällt in zwei Teile:

α) gilt es genau zu verstehen, was »existieren« oder »nicht existieren« bedeutet; der Begriff »Existenz« muß genau definiert werden. Es liegt auf der Hand, daß man, selbst wenn man zu dem Schluß gelangen sollte, die Außenwelt existiere nicht, keinesfalls damit sagen will, man könne sich nicht am Tisch stoßen. »Existenz« hat in diesem Falle einen besonderen Sinn.

β) Lösung des Problems.

Der erste Teil ist vielleicht der heikelste, er erfordert eine große Übung im abstrakten Denken. Wenn man ihm ausweicht, so hat nichts einen Sinn, was man hinterher sagt. Und Pirandello ist ihm ausgewichen, soweit es dabei um die Wahrheit geht. Er konnte gar nicht anders. Wie soll man etwas so Abstraktes, etwas so wenig Bildhaftes auf die Bühne bringen? Bei ihm wird das Problem nicht einmal gestellt. Sein Stück kann keinen Sinn haben.

Aber es kommt noch besser: selbst wenn er diese Frage hätte behandeln können, wäre er einer Definition der Wahrheit absichtlich ausgewichen.

Man kann nämlich vom metaphysischen Problem nur dann zur dramatischen Spannung übergehen, wenn man die Worte durcheinanderbringt; wenn man sich selber dadurch etwas vormacht, daß man Dinge auf die Ebene des Affekts überträgt, die mit Gefühl gar nichts zu tun haben. Der Student, den es »aufregt«, wenn er erfährt, daß die Außenwelt vielleicht gar nicht existiert, täuscht sich über den Sinn des Wortes »Existenz«. Er hat die verschwommene Vorstellung, er werde nun lernen, wie man durch Wände spazieren kann, oder ihm schwebt jedenfalls etwas Entsprechendes vor, das er sich nicht weiter klarmacht. Er glaubt, diese Überlegung habe etwas mit seinen praktischen Erfahrungen, seinem alltäglichen Leben zu tun. Und so überkommt ihn eine trügerische Erregung, ein unechtes Schwindelgefühl.

Erkennst Du den elementaren Irrtum? Man wendet hier das Wort »Wahrheit«, das Wort »Existenz« auf die Definitionen des Alltagslebens an, während diese Überlegung nur für die ganz abstrakten Definitionen der Metaphysik zutrifft. Es handelt sich keineswegs mehr um die gleiche Frage. Und so stürzt man Begriffe um, die man nicht umstürzen darf, weil sie auf ihrer Ebene, der Ebene der Sinneserfahrung, ihre Richtigkeit haben.

Wenn man sagt: »Der Tisch existiert«, will man damit sagen: »Von Jugend auf habe ich gelernt, daß man unter gewissen Voraussetzungen eine bestimmte Gruppe von Reaktionen verspürt, und ihre Ursache nenne ich ›Tisch‹.« Das ist sogar weder wahr noch falsch: es ist eine Tatsache. Solch eine Existenz des Tisches läßt sich nicht bestreiten.

In der Metaphysik definiert man hingegen diese

Existenz auf andere Weise, aber aus eben dem Grunde, weil es sich nicht mehr um dieselbe Sache handelt; die Schlußfolgerungen, zu denen man gelangt, wenn man (im metaphysischen Sinne) über den Tisch Überlegungen anstellt, lassen sich nicht auf den Tisch (im alltäglichen Sinne) anwenden. Der dramatische Trick besteht dann darin, daß man sie als gültig ansieht und die Definitionen eskamotiert. Auf diese Weise untergräbt man alle gewöhnlichen Begriffe des Zuschauers und läßt ihn ein großes Schwindelgefühl verspüren.

Es ist nur ein Trick. Er ist nicht einmal sehr gerissen, denn ein x-beliebiger Philosophie- oder Mathematikstudent hat diese Konfusion schon hundertmal angerichtet. Pirandello serviert einen schönen russischen Salat mit den verschiedenen Bedeutungen des Wortes »Wahrheit«; ich kann das nicht interessant finden. Und sein angeblicher Held, den er als ironischen, überlegenen Skeptiker präsentieren wollte, ist ganz einfach blöd. Die wichtigste Eigenschaft eines intelligenten Menschen besteht darin, daß er die Sprache der anderen begreift und mit ihnen redet. Aber da niemand in diesem Stück genau weiß, was er eigentlich sagen will, kann das eine ganze Weile so weitergehn.

4. Du bist offenbar der Meinung, es sei doch schön, wenn sich einer getraut, ein metaphysisches Pro-

blem auf die Bühne zu bringen, anstelle von Weibergeschichten. Nun, das finde ich nicht! Weiber – das geht doch wenigstens die Leute von Welt etwas an. Aber wenn die Leute von Welt Metaphysik treiben wollen, so sollen sie sich Bücher kaufen und sie studieren. Doch sie haben ja gar nicht den Wunsch, die Metaphysik zu begreifen. Das verlangt doch eine Anstrengung und macht sich nur durch eine geistige Freude bezahlt. Die ist ihnen völlig schnuppe. Sie wollen ja gerade überhaupt nichts mehr kapieren, möchten spüren, wie alle ihre Begriffe durcheinanderpurzeln. Dann sagen sie: »Das ist aber merkwürdig ...«, und es läuft ihnen etwas kalt den Rücken hinunter.

Verstehst Du, weshalb ich die Frage Pirandello so wichtig finde? Weshalb ich der Meinung bin, daß es dabei um mehr geht als um eine bloße Theaterkritik? Es ist sozusagen ein moralisches Problem.

Die Leute von Welt haben vor einigen Jahren aus genau den gleichen Gründen den unglücklichen Einstein mit Beschlag belegt. Sie wollten überhaupt nichts mehr kapieren, eine große Verwirrung erleben, sich vom »Flügel des Unbekannten« streifen lassen. Einstein war für sie eine Art Fakir. Und diese rein mathematischen Ergebnisse, die – mögen sie nun richtig sein oder falsch – jedenfalls nur auf der mathematischen Ebene einen Sinn haben, wurden von anderen Pirandellos, die absichtlich

Verwirrung stiften wollten, auf die Ebene des Alltagswissens übertragen. Und den Leuten von Welt stockte der Atem. Als wenn Einstein ihnen beibringen würde, wie man auf einem kürzeren Wege als der Luftlinie vom Place de la Concorde zur Bastille gehen, wie man durch Wände spazieren oder in der Zeit zurückwandern kann.

Das erinnert mich an eine nette Eisenbahnfahrt: die Frau eines Majors, der vor dem Kriege Feldwebel gewesen war, eine schüchterne kleine Besitzerin eines Lädchens, stopfte Strümpfe in einer Ecke des Abteils und riskierte Wendungen wie »Schönen guten Tag der gnädigen Frau...«. Eine forsche Leutnantsgattin plauderte mit ihr aus Ehrerbietung: sie erklärte ihr Einstein.

Das war großartig.

Rinette, siehst Du, man kann sich nur durch ständige Disziplin zum richtigen Denken erziehen, und das ist immerhin das Kostbarste, was wir besitzen, das Kostbarste, was wir besitzen sollten; man kann aber feststellen, daß die Menschen zwar ihr Gedächtnis, ihre Kenntnisse, ihre Wortgewandtheit zu erweitern suchen, daß sie aber fast niemals ihren Verstand pflegen. Sie sind bestrebt, richtig zu urteilen, aber nicht, richtig zu denken. Sie bringen alles durcheinander.

Deswegen soll man Ibsen lieben, der sich doch jedenfalls um ein menschliches Verstehen bemüht, und Pirandello ablehnen, überhaupt alles Falsche und Verdrehte: alles Komplizierte ablehnen. Alles, was dunkel und verlockender ist als das Klare. Von zwei Erklärungen eines Phänomens neigen die Menschen instinktiv der geheimnisvollen zu. Weil die andere, die wahre, einfach und glanzlos ist und einem dabei nicht die Haare zu Berge stehen. Das Paradox ist verlockender als eine echte Erklärung, und so ziehen die Menschen es vor. Was ich da sage, ist sehr allgemein. Viele Fehlurteile werden durch dieses Bedürfnis hervorgerufen, daß man sich Ideen aneignen möchte, nicht um sie zu begreifen, sondern um sich an ihnen zu berauschen.

Man kann darin sehr weit gehen. Man kann beinahe sagen, daß alles, was Erstaunen erregt, was bezaubert, höchstwahrscheinlich falsch ist. Wenn man begreifen will, so ist die erste Voraussetzung hierfür eine Art Uneigennützigkeit; man muß sich selber vergessen können. Die Leute von Welt aber gebrauchen die Wissenschaft, die Kunst, die Philosophie, wie sie die Dirnen gebrauchen. Pirandello ist eine Art Dirne.

Meine alte Rinette, verzeih mir diesen ganzen Brief. Sei mir deswegen nicht böse. Und verzeih mir auch, daß ich von der »Metaphysik eines Portiers« gesprochen habe.

Ich finde nicht, daß es sich bei diesen Fragen um eine mondäne Spielerei handelt. Ich finde, daß sie sehr wichtig sind. Es ist völlig uninteressant, wenn man die Menschen durch schöne, einander widersprechende Reden fasziniert, denen man dann höfliche Zugeständnisse folgen läßt. Die Leute von Welt sagen: »Wir haben Ideen gewälzt.« Diese Leute widern mich an.

Ich liebe die Menschen, die an ihr Essen, an die Ernährung ihrer Kinder denken und zusehen müssen, wie sie bis zum nächsten Monat durchkommen; sie sind dadurch enger mit dem Leben verbunden. Sie wissen weit mehr davon. Gestern stand ich auf der Plattform eines Omnibusses neben einer Frau ohne Hut mit ihren fünf Kindern. Sie lehrte sie allerhand, und mich auch. Die Leute von Welt haben mich noch niemals etwas gelehrt.

Gestern abend unterhielt ich mich mit einem armen Straßenmädchen. Es sagte mir: »Ich bin Mannequin bei Drecoll. Ich verdiene sechshundert Francs im Monat. Mein Mann hat mich gerade mit einem kleinen Jungen sitzenlassen. Damit ich zur Arbeit gehn kann, mußte ich ihn einer Amme geben. Das kostet mich dreihundert Francs im Monat. So bleiben mir noch dreihundert. Und was soll ich sonst tun? Keine einzige Frau in Paris verdient auch nur tausend Francs im Monat. Da gehe ich eben auf den Strich. Ich versuche es. Ich gehe um fünf Uhr früh zu Bett, und so bleiben mir nur drei Stunden Schlaf; denn ich muß ja meinen Beruf als

Mannequin ausüben... Aber ich komme schlecht durch. Ich bin schüchtern, und die Kameradinnen lachen mich aus. Jetzt habe ich eine Bronchitis und was auf der linken Lunge. Lange wird das nicht so weitergehn. Dann werde ich in ein ›Haus‹ eintreten, da mir das Angeln nicht liegt und ich einfach fertig bin. Dort wird mich schon einer nehmen, wenn er Lust dazu hat. Und was soll ich denn sonst noch anfangen? Ich werde leben, und mein Junge auch, das ist doch schon was!«

Wahrhaftig, das ist schon »was«, und was sollte ich ihr darauf antworten?

Und das ist eine banale Geschichte für Leute, die aus solchen Histörchen nur das herausholen, was ihnen die Dirnenszenen in Varietés zu bieten haben: etwas Rührseliges, ein erschwindeltes Mitleid. Das ist so richtig 1880, ein rechtes Melodrama. Die Nöte der anderen fördern ihre Emotionen, und das gleiche gilt von der Metaphysik des Herrn Pirandello. Und die ist nicht einmal mehr modern.

Das erinnert mich an eine Unterhaltung, die ich von Léon Werth gehört habe:

»Aber hören Sie doch, Verehrtester, wenn Sie wirklich die Menschen lieben, wie Sie sagen, warum nehmen Sie ihnen dann Gott, den höchsten Trost?«

»Damit sie sich andere Tröstungen suchen, gnädige Frau, und Ihnen eine kleben!«

Das finde ich ausgezeichnet.

Meine alte Rinette, sei mir bitte nicht böse deswegen. Es stimmt schon, was Eusebio sagt: ich bin
überhaupt nicht tolerant, aber nicht aus Eitelkeit
oder aus Hochmut, sondern weil mich eben diese
Toleranz anwidert. Man muß die Dinge und die
Ideen um ihrer selbst willen lieben, und nicht aus
Spielerei.
Ich bin ein nicht gerade sympathischer Bär, und
das stimmt mich melancholisch. Das macht mich sogar sehr melancholisch, aus mancherlei Gründen.
Auf Wiedersehen, Rinette, glaube an eine Freundschaft, die einen großen Teil meiner selbst ausmacht.

Antoine

Habe eben wieder mit Dir telefoniert. Ich werde
Dir morgen den Roman zurückbringen. Aber Pirandello liegt mir am Herzen, und so bringe ich Dir
trotzdem diesen Brief.

VI

CERCLE NATIONAL
DES ARMÉES DE TERRE
ET DE MER
49, Avenue de l'Opéra

(Oktober 1926)

Ich habe Deine Zeile erhalten, Rinette, und den Roman sofort abgeschickt. Ich traute mich nicht, irgendeinen Kommentar hinzuzufügen, denn ich dachte, ich sei nicht gut angeschrieben wegen der langen Verzögerung, und das sei nicht gerade das Richtige, um Pirandello vergessen zu machen. Auch hätte ich mich etwas geschämt, »dieses kleine Buch« mitzuschicken, und so hab ich ein kleines Feuer damit gemacht.

Ich hab Dir nicht geschrieben, das stimmt schon, aber das liegt daran, daß ich allzu sehr auf Antworten warte und daß die enttäuschten Hoffnungen nutzlos sind. Verzeih mir, denke nicht, ich vergäße Dich deswegen. Sogar das Gegenteil trifft zu. Es ist nicht nett von Dir, mir das zu sagen.

Ich bin neulich nicht hingegangen, denn ich nahm an, es würde ein Haufen Leute dort sein. Die einen noch mehr in Anspruch nehmen als Schubladen . . . Wenn ich Dich besuchen komme, hab ich Dir eine Menge zu erzählen. Wenn ich das alles wieder mitnehmen muß, ist es traurig.

Siehst Du, ich bin kein besonders sympathischer Bursche. Allenfalls tauge ich dazu, als Bär auf irgendeiner Fluglinie herumzugondeln, und zwar so weit wie möglich.

Morgen verlasse ich Paris. Latécoère errichtet drei neue Linien. In Algier, in Spanien, in Südamerika. Für eine davon wird er mich nehmen, und so werde ich in Agay auf die Einberufung warten. Ich habe genug von Paris, das zu große Hoffnungen erweckt und niemals hält, was es verspricht. Und dann ist das auch durchaus meine Schuld.

Ich hätte Dir gern einen netten Brief geschrieben. Verzeih mir diesen hier, denn ich bin heute abend in greulicher Stimmung.

Vielleicht antwortest Du mir trotzdem mit einer kleinen Zeile?

Bitte glaube an eine Freundschaft, die ich Dir zweifellos nur sehr schlecht zu beweisen verstehe.

Antoine

Château d'Agay – Agay – Var [5]

VII

Société Anonyme
des Grands Cafés de Toulouse
15, Place Wilson

Café-Restaurant Lafayette
(Oktober 1926)

Rinette, da bin ich nun in Toulouse. Von den paar
Tagen in Paris bleibt mir eine kümmerliche Erin-

67

nerung. Besuche, Besorgungen, das Examen. Der
Umzug aus meinem Hotelzimmer. Der kompli-
zierte Transport zu schwerer Koffer, angefüllt mit
Büchern und einem Haufen ungewöhnlicher Gegen-
stände, von denen ich mich nicht zu trennen ver-
stand. Einer Kupferstichpresse, einem Apparat zur
Anfertigung von Zigaretten – Dinge, die mir nie-
mals von Nutzen sein werden, zu denen ich mich
aber auf einmal unwiderstehlich hingezogen fühlte.
Und dann, ganz plötzlich, fünfzehn unausgefüllte
Minuten, bevor der Zug abfuhr. Fünfzehn leere
Minuten.

Und dieser Spätnachmittag, an dem ich hinter
allem das Nachsehen hatte. Eusebio machte sich
nach Fontainebleau davon. M . . . ging ins Kino,
Du ins Konzert. Ich saß ganz allein, am Quai Mala-
quais, neben dem toten Telefon. Ich hatte Hut
und Mantel an und fühlte mich – weil ich sie in
einem Lehnsessel anbehielt – ganz schrecklich un-
gemütlich.

Jetzt kann ich mich endlich ruhig neben Dich setzen. Was Du mir in Paris niemals erlaubt hast. Und
Du machtest mir auch Vorwürfe, weil ich zahllosen
Leuten nicht den Hof machte, die mir völlig gleichgültig waren und die mir Deine Gegenwart stahlen
– ich vermag meine große Erbitterung nur schlecht
zu präzisieren. Vielleicht richtet sie sich dagegen,
daß Du mit Dir selber so wenig freigebig bist. Die

68

Schreibfaulheit: gewiß! Aber man ist schreibfaul, weil man nichts zu sagen hat. Wenn man es erträgt, die Menschen in Gruppen zu sehen, so ist das dasselbe. Und ich komme mit soviel Gepäck, das ich niemals öffnen kann. Es wäre töricht, Dir deswegen einen Vorwurf zu machen: es ist meine Schuld, daß ich das alles mitschleppe.

Im übrigen überkommt mich heute abend im Frieden, den die Entfernung bringt, eine philosophische Heiterkeit. Und dann habe ich Grippe. Das Fieber hüllt mich angenehm ein. Etwas Kopfweh reicht gerade aus, damit ich über mich selber Rührung empfinde.

Und so setze ich mich neben Dich, womit Du bestimmt ebenfalls nicht einverstanden bist. Es irritiert Dich. Aber wenn Du nur wüßtest, wie egal mir das ist. Denn heute abend fabriziere ich Dich nach Belieben, und wenn Du nur wüßtest, wie freundlich Du bist! Im Grunde sind das die einzigen Unterhaltungen, die ich mit Dir geführt habe. Die Unterhaltungen, die ich mir selber erfinde. Und Du bist dabei so geduldig. Und so gescheit: Du verstehst alles. Und ich werde gesprächig, es ist großartig. Oh, wie ich meine Revanche nehme mit meiner erfundenen Freundin!

Denn vielleicht hänge ich so sehr an Dir, weil ich Dich erfinde. Manchmal stimmst Du allerdings mit Deinem Bild überein. Jedenfalls nährst Du es. Und

Dein Musiknachmittag verleiht dieser Freundin, die heute abend bei mir ist, sehr viel Leben. Du hast etwas von Offenbach in Dir. Du hast die Farbe der Lampenschirme. Beklage Dich nicht darüber. Das ist nicht so übel. Und dann geht es Dich nichts an.

Im Grunde schreibe ich das alles – was im übrigen stimmt –, weil es mir Spaß macht, Dich zu ärgern. Ein anderes Mal werde ich traurig sein. Aber meine Grippe hat heute abend den Dingen ihre Wichtigkeit genommen. Ich habe nicht die Fähigkeit, viel Melancholie mit mir herumzuschleppen. Das macht es mir leichter, Dir zu sagen, daß Du nicht generös bist. Ich sage das voller Bosheit, ohne Bitterkeit... Du möchtest nicht gern Bitterkeit schenken (Du möchtest überhaupt nichts schenken).

Ich weiß genau, es gibt Menschen, die es stört, wenn man zuviel von ihnen mit sich fortträgt. Sie betrachten das gewissermaßen als Mißbrauch ihres Vertrauens oder als Behinderung ihrer Unabhängigkeit. Was weiß ich? Es ist übrigens sonderbar. Beinahe kommst Du mir so vor. Und es gehört für mich eine große Ungeniertheit dazu, daß ich mich Dir gegenübersetze und Dich als Gefangene bei mir behalte – welch ein Schicksal! Und dazu noch bald als Gefangene in Senegal, stell Dir das nur vor!

Es ist schade, daß Du mir manchmal etwas weh

70

tun kannst – und daß ich mich so schlecht dagegen schütze.

Denn Dein Bild ist heute abend etwas sehr Leichtes. Schriebe ich Verse, würde ich recht hübsche Dinge darüber sagen. Ich würde sagen: ›Dein Bild – neue Zeile – hat das Gewicht einer Taube ...‹ Das ist entzückend. Und außerdem auch liebenswürdig. Ich weiß nicht, ob Du begreifst, wie entzückend das ist. Dieser Vogel, den man als etwas nicht Dauerhaftes ansieht. Man macht »Pfff ...«, und schon ist man frei. Leider ist es manchmal ein Pflasterstein. Vor meinem Briefkasten kann ich noch so sehr »Pfff ...« machen. Aber der Pflasterstein drückt trotzdem.

Da hast Du's! Bei diesem Brief kann ich Dir nicht helfen. Außerdem ist er nicht an Dich adressiert. Ich habe doch das Recht, mich mit mir selber zu unterhalten. Ich habe nun ein wenig meine Koffer ausgepackt, aber dabei gemogelt.

Wenn Du jetzt darauf wartest, daß ich Dir das Datum meiner Abreise und das Menü meines Abendessens mitteilen oder Dir vom Wetter erzählen soll, so wirst Du leer ausgehn. In Saint-Maurice besitze ich eine große Truhe. Seit ich sieben Jahre bin, versenke ich darin meine Entwürfe fünfaktiger Tragödien, die Briefe, die ich bekomme, meine Fotos. Alles was ich liebe, denke und alles, woran ich mich erinnern möchte. Manchmal breite

ich alles bunt durcheinander auf dem Parkett aus.
Auf dem Bauch herumrutschend, feiere ich dann
ein Wiedersehen mit so vielen Dingen. Diese große
Truhe ist das einzig Wichtige in meinem Leben.
Was für Wetter heute ist, das Menü der Abend-
essen, was aus mir werden soll, ist mir im übrigen
vollkommen schnuppe.
Ich habe Deinem Bild nichts mehr zu sagen.

Antoine

VIII

Florida Kursaal
Rue de la Tannerie
Son Dancing Ultra Moderne

Tanger, 4. Oktober 1926

Rinette, es tat mir leid, daß ich vor meiner Abreise
von Dir nicht eine Zeile erhielt.

Heute früh hab ich Toulouse verlassen und kann mich noch nicht an den Gedanken gewöhnen, daß ich jetzt in Marokko bin ... Keine Grenzen, kein Zoll, keine Bäume, die vorbeidefilieren – nichts bringt einen auf den Gedanken, daß man das Land gewechselt hat. Und auch dieses Lokal ist genauso wie alle anderen – außer, daß man dort Spanisch spricht.

Morgen wieder unterwegs, weiter weg.

Wann wirst Du Dich entschließen, zu schreiben?

Antoine

IX

Société Anonyme
des Grands Cafés de Toulouse
15, Place Wilson

Toulouse, den 22. 10. 1926

Meine alte Rinette

Damit Du mich nicht beschuldigst, ich hätte Dich
vergessen: dieses heroische Wort (meine Finger sind

75

ganz erfroren, und zahllose Milchkaffees haben mich noch nicht aufgetaut).

Während ich darauf warte, bis ich zu einer Erkundung starte (Reise als Passagier, Casablanca und zurück), fliege ich neue Maschinen ein. Ich bin sehr glücklich. Aber in diesem Lande herrscht eine große Einsamkeit. Sei so lieb und schreib mir – das wiegt nicht einen Abend in der Rue Saint-Guillaume auf, aber es wird mich trotzdem sehr glücklich machen.

Das Wetter ist abscheulich. Heute nachmittag machte ich einen einstündigen Probeflug in einem sintflutartigen Regen, hundert Meter über dem Boden. Du hättest die Fliegerei nicht sehr sympathisch gefunden. Das hatte mehr Ähnlichkeit mit einem Bade.

Du bist eine nette Freundin, aber ich kann diese Dinge nur sehr schlecht ausdrücken. Doch denke ich sie.

Antoine

13, Rue d'Alsace-Lorraine, Toulouse

X

Société Anonyme
des Grands Cafés de Toulouse
15, Place Wilson

Café Lafayette (Oktober 1926)

Rinette, Du bist keine nette Freundin. Warum versteifst Du Dich darauf, nicht zu antworten? Warum schreist Du mich an, wenn ich mit Dir telefoniere: »Du bist es? Ach so! Guten Tag. Häng schnell wieder an.«?

Und doch bin ich ganz vereinsamt, aber das ist Dir ja völlig gleichgültig.

Wie wird das erst in einigen Monaten sein? Ich bin Dir weit böser deswegen als Du denkst.

Ich komme eben von Casablanca. Vielleicht kehre ich endgültig dorthin zurück. Vielleicht gehe ich auch nach Senegal.

Ich erzähle Dir nichts von meiner Reise, weil Du mit anderen Dingen beschäftigt bist. Vielleicht büffelst Du Jura wie Eusebio, den das vom Schreiben abhält? (Seit vier Jahren hält es ihn schon vom Schreiben ab.)

Schreibe mir wenigstens noch, bevor ich tot bin, denn hinterher wird es mir ganz egal sein, und dann laß ich Dich völlig in Ruhe!

Dein alter Antoine

XI

Société Anonyme
des Grands Cafés de Toulouse
15, Place Wilson

Café Lafayette
Toulouse, 24. Oktober 1926

Rinette, verzeih mir meine kleine Zeile von neulich. Heute schreib ich Dir wieder.

Eben geht ein ziemlich eintöniger Sonntag zu Ende. Ein verpatzter Sonntag, denn um sechs Uhr früh mußte ich aufstehen, um eine Bréguet auf die Wolkenweide zu führen. Nach zehn Minuten äußerte sie den gebieterischen Wunsch, wieder in den Stall zurückzukehren. (Und so sage ich nun mit dem Abbé Delille . . . Ach, dieses Provinzleben!) Und zehn Flugminuten trugen mir einen ganzen schläfrigen Sonntag ein. Ich hab meine Zeit damit verbracht, Streichhölzer, Zigaretten und Briefmarken zu kaufen. Die Zigarettenverkäuferin von nebenan ist so hübsch! In meinem Zimmer liegen schon über dreißig Streichholzschachteln und Briefmarken für vierzig Jahre. Melancholische Bilanz einer achttägigen Liebe.

Solch eine Zigarettenverkäuferin ist etwas Reizendes. Der Ladentisch ist schön wie ein Thron. Man kommt sich sehr fern und sehr klein vor. Trunken hört man sich sagen: »Vierzig Centimes . . .« Man heimst die Liebesworte ein, so gut man kann.

Ich frage mich, woran wohl so eine Zigarettenverkäuferin denkt.

Vielleicht an nichts, aber es sieht nach was aus! Wie mir meine Freunde doch fehlen! Ich habe recht wenige, aber um so mehr hänge ich an ihnen. Und wenn ich erst nach langer Zeit mit einem großen weißen Bart heimkomme, habt Ihr mich alle schon längst vergessen. Und das verdirbt mir den Spaß, denn ich weiß nicht, wohin die Reise geht. Nach Alicante, nach Marokko oder nach Dakar, das wissen die Götter.

Der Satz, den ich da eben hinschrieb, hat mich so trübsinnig gemacht, daß ich Dich antelefonierte. Natürlich warst Du nicht da. Hast Du irgendwo Schubladen eingeräumt? Immer ist das so, wenn ich Dich brauche.

Rinette, weißt Du, daß die Fliegerei etwas Schönes ist? Und daß sie hier kein Spiel ist, und gerade so liebe ich sie. Sie ist auch kein Sport, wie in Le Bourget, sondern etwas anderes, Unerklärliches, eine Art Krieg. Schön ist der Start eines Kurierflugzeugs beim ersten Morgengrauen, im Regen. Und die schläfrige Nachtbesatzung, der über Spanien angekündigte Sturm, der den Piloten aufwecken wird, der Nebel über den Pyrenäen. Dann, nach dem Abflug, während er seine Probleme anpackt, geht man im Dreck auseinander. Rinette, wäre ich doch schon fort!

So ist das. Gern hätte ich telefoniert. Es stimmt schon, ich kann nicht reden, und so hätte ich ›Hallo, hallo‹ gesagt, um mir ein Air zu geben. Traurig, wenn man stumm ist. Ich wäre gerne ein schöner Gigolo, mit einer schönen Krawatte und einer großartigen Sammlung von Grammophonplatten. Ich hätte mich dazu abrichten müssen, als ich noch jünger war; jetzt ist es zu spät. Und ich

81

bereue es bestimmt... Jetzt, da ich bald eine Glatze bekomme, lohnt sich ein Versuch nicht mehr. Vor den Auslagen der Hemdenmacher und Schuster hänge ich traurigen Träumen nach. Meine Erfahrungen werden mir nur etwas nützen, wenn es eine Seelenwanderung gibt. Das tröstet mich wenig.

Ich hätte so gern, wenn man mich lieb hätte und meine Nägel bewunderte. Meine ölbeschmierten Hände – ich bin der einzige, der sie schön findet. Ich glaube, mein Monolog langweilt Dich. Ich bin traurig und glücklich zugleich, und das läßt sich nicht klar und logisch ausdrücken. Und da ich fern bin von allen meinen Freunden, und in einer großen Einsamkeit, komme ich mir vor wie ein Urgroßvater.

Du solltest mir wirklich schreiben, weißt Du?

Auf Wiedersehn, meine alte Rinette.

Antoine

13, Rue d'Alsace-Lorraine, Toulouse

XII

La Ibense
Fabrica de Helados Finos
Casa Central
Méndez Nùñez 4

Alicante (November 1926)

Ich habe Dir gestern drei Briefe geschrieben und sie
nacheinander zerrissen. Es hat keinen Zweck, allzu-
viel zu sagen. Dann hab ich Dich angerufen.

Und heute abend werde ich Dir einen gleichmütigeren Brief schreiben, weil ich mir völlig darüber im klaren bin, daß man nicht allzusehr auf Dich zählen kann. Bei Dir müssen zuviel günstige Bedingungen zusammentreffen, damit es Dir möglich wird, jemandem zu helfen. Du kannst mir nicht »einfach so« schreiben. Du hast mir das erklärt, und ich habe es übrigens nicht genau verstanden. Ich hatte eine etwas weitere Reise vor als nach Asnières oder nach Bois-Colombes, das ist nicht ganz dasselbe, Rinette.

Und ich weiß nicht recht, weshalb ich eigentlich schreibe. Ich bedarf so notwendig einer Freundschaft, um ihr die kleinen Dinge anzuvertrauen, die mir zustoßen. Mit der ich sie teilen kann. Ich weiß nicht mehr, warum ich Dich erwählte. Du bist so fremd. Mein Papier schickt mir meine Sätze zurück. Das geneigte Gesicht beim Lesen, die generöse Spenderin meiner Sonne, meiner kleinen Süßigkeiten und meiner Träume – alles das kann ich mir gar nicht mehr vorstellen. Ganz behutsam schreibe ich einen Brief, um sie aufzuwecken, ohne so recht daran zu glauben. Vielleicht schreibe ich mir selber.

Ich reise nicht Mittwoch, sondern Freitag. Ich bin sehr guter Dinge, obgleich es schon nach Mitternacht ist. Das erinnert mich an meine Reiseträume, als ich noch klein war. Unter einer Petroleumlampe, wenn »die großen Leute« Bridge spielen, die Kinder aber sehr ernst sind. China war grün, Japan blau, zwei große Flecken. Auf der Seite gegenüber las man: »Die Malayen haben schwarze Augen, die Einwohner Haitis haben blaue Augen.« Sicher irre ich mich in den Farben, aber mir wurde ganz klar an diesem Abend, daß ich noch nie ein wirkliches schwarzes Auge, ein wirkliches blaues Auge gesehen hatte. Die Augen rings um mich her, das ahnte ich, waren nur Kopien. So mache ich mich jetzt ein wenig zu ihrer Eroberung auf.

Und dann gibt es noch eine andere Art des Reisens, und gestern war ich sehr weit fort. So weit, daß ich noch nicht ganz wieder da bin und mir etwas fern, etwas nachsichtig vorkomme. Ich glaubte, diesmal wäre es wirklich aus mit mir; so sicher war ich noch nie, selbst nicht bei meinem großen Unfall. Ich ging von dreitausend herunter, da spürte ich einen Stoß – ich hielt es für den Bruch einer Fläche –, und dann geriet meine Maschine allmählich ganz durcheinander. Bei zweitausend hatte ich alle Knöpfe durchgedrückt, mir blieb kein Spielraum mehr. Das Abtrudeln hielt ich für so gewiß, daß ich mit dem Füller an sichtbarer Stelle auf ein Zifferblatt schrieb: »Bruch. Suchen. Absturz unvermeidlich.« Ich wollte nicht, daß man mir vorwarf, ich hätte mir aus Unvorsichtigkeit den Hals gebrochen; dieser Gedanke ärgerte mich. Fast verwundert betrachtete ich die Felder, auf denen ich zerschellen sollte. Das war für mich etwas Neues. Ich fühlte mich ganz weiß, ganz blank vor Angst werden. Es war eine uferlose, aber nicht widerwärtige Angst. Eine neue, undefinierbare Erkenntnis.

Es war kein Bruch, und ich konnte bis zum Boden durchhalten. Doch nicht eine Sekunde hatte ich das geglaubt. Als ich aus dem Flugzeug sprang, sagte ich kein Wort. Ich war über alles voller Verachtung und dachte, man würde mich niemals verstehen. Jedenfalls nicht das Wesentliche. In welch eine Welt ich mich eingeschmuggelt hatte. Eine Welt, von der man nicht oft zurückkehrt, um sie zu beschreiben. Und wie unvermögend sind Worte, wie kann man diese Felder und diese ruhige Sonne wiedergeben! Wie kann man sagen: ›Ich habe die Felder, die Sonne verstanden . . .‹ Und doch war es so. Einige Sekunden lang spürte ich die strahlende Ruhe dieses Tages in ihrer ganzen Fülle. Eines Tages, fest gebaut wie ein Haus, in dem ich mich heimisch fühlte, in dem es mir gut ging, aus dem ich verstoßen werden sollte. Eines Tages mit seiner Morgensonne, seinem hohen Himmel und dieser Erde, in die man friedlich feine Furchen hineinwirkte. Welch liebliches Geschäft.

Dann, auf den Straßen, begegnete ich Straßenkehrern, die ihr Teil dieser Welt rein fegten. Ich war ihnen dankbar dafür. Und ich traf Stadtpolizisten, die auf einem Gebiet von hundert Quadratmetern für Frieden sorgten. Und es war sinnvoll, dieses Haus so in Ordnung zu halten. Ich war heimgekehrt, ich war behütet, ich liebte das Leben. Und Du wirst das nicht begreifen, und auch niemand anders. Und ich möchte jemanden dazu zwingen, daß er es begreift... Warum mußt gerade Du das sein, Du, der das alles ganz egal ist, die zerstreut sein wird?

Das erinnert mich an ein Gesicht. Ich hatte etwas für mich so Wesentliches, so Angstvolles gesagt, daß ich zuschaute, wie mein Gedanke auf diesem Gesicht fortwirkte. Ich las in dem Mienenspiel und in allem, was der Gedanke darin wachrief. Und auf einmal spürte ich, wie er sich im Sande verlief. Keine Spur eines Vergnügens, keine Spur einer Nachdenklichkeit, kein Bemühen um Verständnis blieb mehr davon zurück. Ich spürte den genauen Augenblick der Zerstreutheit. Einer so plötzlichen Zerstreutheit, daß sie einen Sinn hatte, und mir fiel dabei der köstliche Ausdruck ein: »Eine Wolke von seiner Stirn verscheuchen.« Ein Kornfeld, das die Beleuchtung wechselt.

Unterm Arm nehme ich Nietzsche mit. Ich liebe diesen Burschen unendlich. Und diese Einsamkeit. Im Sande von Cap Juby werde ich mich ausstrecken und Nietzsche lesen. Es gibt Dinge, die mich begeistern: »Mein Herz, in dem sich mein Sommer verzehrt, dieser kurze, heiße, schwermütige, glückselige Sommer ...« Ich möchte, Du könntest auch diese Passion mit mir teilen, aber es gibt ja nicht viel, woran Du teilnimmst ...

Antoine

Ich nehme nicht an, daß Du auf diesen Brief antworten wirst, obwohl ich erst Freitag abreise, denn Du hast ja schon Deine Pflicht erfüllt, wenn Du mir gestern geschrieben hast.

XIII

Toulouse, den 24. (November 1926)

Ich komme eben nach Hause. Habe nichts von Dir
vorgefunden. Schreib mir nicht, es lohnt sich nicht.
Sieh, damit ich gar nichts zu erhoffen habe, gebe
ich Dir nicht meine neue Adresse. Ich bin ja auch
zu lächerlich. Es hat keinen Zweck, auf diese Weise
um Freundschaft zu betteln. Mir war das Schreiben an Dich ein Bedürfnis, und Dir war es keins.

89

So was kommt vor. Vielleicht bin ich ungerecht gegen Dich, aber dadurch werd ich Dich weniger vermissen, und das ist besser. Ich schreibe Dir nicht mehr; sogar wenn Du mir geschrieben haben solltest, pfeife ich darauf: nicht einmal an dem Abend, als Du es mir versprochen hattest, warst Du dazu imstande. Ich weiß nicht, warum dieser Brief eigentlich abgehen soll. Neulich habe ich drei zerrissen, warum soll ich nicht auch einen vierten zerreißen? Ach was, es ist eben mein Abschied. Und halte Dich nur nicht für verpflichtet, ein Pensum zu erledigen: ich bin jetzt der Meinung, daß mir das egal ist. Siehst Du, Rinette, mein Fehler war, daß ich eines Tages zuviel von Dir verlangt habe. Daß ich zuviel von Dir erhoffte... Mir wird das jetzt klar, und das ist schade. Ich verliere auf diese Weise eine gute Freundschaft und bin Dir deswegen nicht böse. Es ist meine Schuld, wenn ich jetzt nicht zurück kann, um mich mit Wenigem zu begnügen.

A.

XIV

SOCIÉTÉ ANONYME
DES GRANDS CAFÉS DE TOULOUSE
15, Place Wilson

Café-Restaurant Lafayette
(Dezember 1926)

Rinette, verzeih mir . . . Während ich Dir schrieb,
hast auch Du mir geschrieben – und einen Brief,
der mir solche Freude gemacht hat.

Rinette, Du mußt mir ab und zu schreiben...

Ich habe eine komische Reise hinter mir. Um vier Uhr früh in Toulouse war ich schlecht ausgeschlafen, und in Tanger hab ich dann weitergepennt. Ich hatte keine Zeit, um mich Spanien oder Marokko anzupassen. Die Araber und ihre Kamele wirkten auf mich, als wären sie eben aus dem Zirkus gekommen. Stell Dir vor: eine Reise ohne Zoll, ohne Grenzen, eine Reise in dreitausend Meter Höhe, wo der Boden nicht an einem vorbeizieht.

Eine Reise ohne Bewegung.

Es ist ein komischer Zustand, wenn man sich nirgendwo, über einem anonymen, gleichförmigen Boden befindet, um dann, wenn man einmal die Sonde ansetzt, einen winzigen Zipfel Marokkos, einen winzigen Zipfel Spaniens zu entdecken und als einzige Erinnerung einen Sandwich mitzunehmen.

Denn auf dem Hinflug hab ich mich nur zehn Minuten in Alicante aufgehalten. Aber auf dem Rückflug hab ich dort geschlafen. Und jetzt besteht Spanien – alles, was ich davon kenne – aus Pepita, unserer Logierwirtin. Die Kameraden sagen von ihr: »Ein schönes Gestell«, aber ich finde Spanien nicht hübsch...

Seltsam, wenn man die Länder von innen betritt, wenn man nahezu dort geboren wird. Keine Namen von Bahnhöfen, die ihren Klang verändern, keine

Zöllner, Gepäckträger und Droschkenkutscher, die für ihr Land die Honneurs machen. Noch ganz benommen, ohne Übergang schneit man ins kleine Leben der kleinen Stadt hinein. Kaum daß man sie über die Vororte erreicht. Spanien, Rinette, ist nur ein Kaffeehauskellner und Pepita, die nicht sehr hübsch ist.

Es ist beinahe traurig.

Es ist auch ein buckliges Land, in dem einem Pannen schlecht bekommen. Im Tiefflug hat man sogar an gewissen Stellen Steilklippen neben sich. Ein Kamerad sagte mir recht unverblümt: »Da gibt's ja nicht mal was, um sich umzubringen. Da muß man sich schon ertränken.«

Noch ein anderes Wort. Am Tag vor meinem Abflug ließ die Direktion mich rufen, um mir Ratschläge zu erteilen. Unter anderem sollte ich es nie so weit kommen lassen, daß sich die Wolken wieder über mir schlössen, sondern rechtzeitig, durch das letzte Loch, über sie hochsteigen, damit ich fünfzig Meter darüber meinen Kurs halten könnte. (In einer so gebirgigen Gegend wie Spanien sind die Gipfel von Wolken bedeckt, und wenn man niedergeht, mag man nun eine Panne haben oder nicht, rennt man gegen sie an, ohne sie zu sehn.) Man sagte mir: »Es ist eine nette Sache, über dem Wolkenmeer nach dem Kompaß zu fliegen, aber denken Sie daran: darunter liegt die Ewigkeit.« Und wenn ich jetzt eine dieser weißen Ebenen so lieblich, so friedlich da liegen sehe und an die Worte denke: »Darunter liegt die Ewigkeit«, dann überkommt mich ein Gefühl der Abgeschiedenheit, das sich, glaube ich, nur schwer erreichen läßt – und das ans Wunderbare grenzt.

Die Fliegerei, die Mentalität von Le Bourget würdest Du nicht wiedererkennen. Hier ist das ganz etwas anderes. Es ist irgendwie härter, aber es ist besser so.

Was nun Toulouse angeht – ach! Rinette –, so bleibe ich dort im kleinen provinziellen Trott. Ich gehe rechts an der gleichen Straßenlaterne vorüber, und im Café setze ich mich auf denselben Stuhl. Ich kaufe meine Zeitung am gleichen Kiosk und sage der Zeitungsverkäuferin jedesmal den gleichen Satz. Und die gleichen Kameraden, Rinette... bis ich schließlich, Rinette, den mächtigen Drang verspüre, aus mir auszubrechen und neu zu werden. Dann werde ich nach einem anderen Café, einer anderen Straßenlaterne oder einem anderen Kiosk auswandern und mir einen neuen Satz für die Zeitungsverkäuferin ausdenken. Einen Satz, der weit schöner ist.

Ich habe schnell genug von mir, Rinette, und so werde ich es im Leben niemals zu etwas bringen. Mein Freiheitsdrang ist zu groß...

Und die Kameraden, die immer das gleiche denken, öden mich an, und deshalb hab ich nur zwei oder drei Freunde – und mit denen lebe ich in Frieden. Und darum muß man mir manchmal schreiben, selbst wenn es ein großes Opfer ist – denn Du bist, Rinette, eine alte Freundin...

Antoine

XV

PALMARIUM
PERPIGNAN
BOÎTE AUX LETTRES
BUFFET FROID
Rendez-vous de MM. les Voyageurs
et Négociants

(Dezember 1926)

Rinette, wie wenig freundlich bist Du mir gegenüber! Ich werde Dir nie mehr schreiben, denn ich

mag nicht bei jeder Post eine Enttäuschung erleben. Für Dich ist das unwichtig, aber ich bin hier ganz allein, und meine Freude setzt sich aus kleinen Dingen zusammen. Und dazu lehnst Du die Briefe ab, die aus einem Gespräch bestehen. Und mich langweilen die Briefe, die man aus Höflichkeit alle drei Monate schreibt. Du sagst Dir: ›Mein Gott! Wieder ein Brief, auf den man antworten muß!‹ Dann lohnt es sich nicht. Und außerdem ärgert Dich das vielleicht aus irgendeinem Grunde. Die Leute sind so kompliziert.

Es ist recht unvorsichtig, wenn man den Menschen jenes Recht einräumt, von dem Du sprichst – daß sie einem leicht weh tun können. Sie nutzen das aus... Es macht, glaube ich, einen völlig idiotischen Eindruck, wenn ich Dir das sage. Aber das ist mir ganz gleich.

Ich bin in Perpignan mit einer Panne liegengeblieben. Morgen geht es zurück nach Toulouse. Perpignan ist heute abend vollkommen trostlos. Ich bin in den bergansteigenden Gäßchen herumgebummelt. Sie waren angefüllt mit Kramwaren. Ich kenne nichts Traurigeres als Kramwaren. Die Kramhändlerinnen verkaufen Nähgarn für drei Sous, Nadeln für zwei Sous, sie haben keinerlei Aussicht auf ein Luxusauto. Die davon leben, verbringen ihr Leben hinter ihren Gardinen. Spitzengardinen. Und in ihrer Stube gibt es eine Kamingarnitur, die ewiger ist als ein Gefangenenwärter. Und ihr ganzes Leben besteht aus Gewohnheiten. Es ist ein solches Gefängnis! Ich fürchte mich so sehr vor Gewohnheiten.

Allerdings spenden sie etwas Wärme, und die fehlt mir zu sehr. Morgen schlafe ich in Toulouse, übermorgen in Alicante, und niemals finde ich mich zurecht. Das höchste Glück der Erde besteht doch darin, daß man ein braver Dummkopf ist, der von der Jagd heimkommt, sich vor dem Kamin die Hände reibt und »Sapperlot« ruft! Worauf man eine Viertelstunde braucht, um sich die Pfeife zu stopfen. Das ist noch besser, als wenn man ein Gigolo ist. Heute abend ist mir das klargeworden. Der ganze Schnee der Pyrenäen war rosa von oben. Die Narbonner Teiche ebenfalls von weitem. Kannst Du Dir das vorstellen? Mit abgedrosseltem Motor ließ ich mich auf Perpignan zutreiben – auf Perpignan, das blau war. Das war reizend. Aber es klingt so kitschig, wenn man es beschreibt. Du kannst Dir nicht vorstellen, welch ein Genuß das ist, wenn man hinuntergeht und nichts mehr zu befürchten hat: weder von einer Panne noch vom Nebel noch von den niedrigen Wolken, die sich unter einem geschlossen haben, über den Bergen, »unter denen die Ewigkeit liegt«. Der Motor kann ruhig aussetzen, das ist einem gleich, man ist sicher, daß man das grüne Rechteck erreichen wird.

Ich lehne mich behaglich zurück und steuere die Maschine nach dem Ton des Windes in den Drähten. Wenn ich Gas gebe, steigt der Ton. Wenn ich allzusehr abdrossele, erstirbt er sanft. Dann bleiben die letzten Häuser, die letzten Bäume zurück, sind nach hinten entflogen: die Landung. Es ist köstlich, zu landen. Hinterher langweilt man sich. Man hat keine Briefe. Das nehm ich Dir übel, aus ganzem Herzen.

Antoine

XVI

SOCIÉTÉ ANONYME
DES GRANDS CAFÉS DE TOULOUSE
15, Place Wilson

Toulouse (Dezember 1926)

Ich habe Deine beiden Briefe vorgefunden, Rinette.
Ich wollte die meinen nicht abschicken. Und dann,
immerhin ...

Heute abend sagte man mir, ich sollte meine Koffer packen. In den nächsten Tagen geht es los nach Senegal. Dort bleibe ich vielleicht zwei Tage oder drei Tage oder zehn Tage. Vielleicht findest Du die Zeit, um mir zu schreiben.

Ich bin noch ziemlich zerschlagen von meiner Reise. Sie war bewegt genug. Ich hatte eine üble Panne und einen Unfall bei Rabat. Ich kann nichts dafür. Ich hatte kein annehmbares Gelände. Das Flugzeug hat nicht mehr viel Ähnlichkeit mit einem Flugzeug, aber ich habe mich nicht verändert. Nicht mal eine Quetschung.

In Spanien fand ich Sturm vor. Neun Stunden bin ich darin herumgetanzt. Neun Stunden an ein und demselben Tage von Alicante bis Toulouse. Da kannst Du Dir vorstellen, wie gerädert ich war.

Und jetzt habe ich ein etwas leeres Gefühl wegen der Abreise. Am Tage, wenn's losgeht, wird es dann besser sein.

Adieu, meine alte Rinette.

Antoine

XVII

Es ist zwei Uhr früh, Rinette. Heute nachmittag
bin ich, von Toulouse kommend, gelandet, nach
einer belanglosen Reise. Welch prächtiges Wetter!
Alicante ist der wärmste Punkt Europas, der einzige, an dem Datteln reifen. Mir geht es – beinahe –
ebenso unter diesem hellen Himmel. Ich spaziere

ohne Mantel herum, erstaunt über diese Nacht aus
»Tausendundeiner Nacht«, über die Palmbäume,
die lauen Sterne und ein Meer, das man in seiner
Verschwiegenheit nicht hört, nicht sieht; das kaum
säuselt.

Als ich aus dem Flugzeug sprang, kam ich mir
ganz jung vor. Ich hatte Lust, mich im Gras aus-
zustrecken und nach Kräften zu gähnen, was recht
angenehm ist, und mich zu räkeln, was ebenfalls
Spaß macht. Diese Sonne förderte meine unbe-
stimmtesten Träume, ließ sie aufblühen. Ich hatte
tausenderlei Gründe, glücklich zu sein. Die Droschkenkutscher desgleichen. Und auch die Schuhputzer,
die meine Schuhe auf Hochglanz brachten, sie lieb-
kosten und lachten, als sie fertig waren. Welch verheißungsvoller Neujahrstag! Welch ein Reichtum,
daß man heute am Leben ist. Ich hatte fest ge-
schworen, nicht mehr zu schreiben. Aber eben habe
ich einem Bettler drei Zigaretten geschenkt, weil er
so glücklich aussah, daß ich diesem Gesicht Dauer
verleihen wollte. Ich fühle mich voller Güte und
Nachsicht. So verzeihe ich Dir. Und außerdem...
habe ich neulich abends mit Bertrand telefoniert
und dabei derart geheuchelt, daß ich es mir nicht
eingestehen wollte. Und dann kamst Du. Und hast
mich gezähmt, und da bin ich ganz klein gewor-
den. Im Grunde ist es angenehm, wenn man sich
zähmen läßt. Aber das wird mir andere trau-

rige Tage einbringen, und so habe ich durchaus unrecht.

Rinette, was ich da sage, ist nicht boshaft, aber diese Dinge sind für mich wichtiger als für Dich. Es ist nicht gerecht, daß ich eine bloße Schreibfaulheit mit etwas Schmerz bezahle. Es ist sogar recht liebenswürdig. Aber Du kannst das nicht begreifen. Ach was! Im Augenblick hör ich ein mechanisches Klavier spielen ... Das ist großartig. Und alle Spanierinnen sind Opernheroinen. So kommt es mir wenigstens vor. Wegen des mechanischen Klaviers. Eine von ihnen weint in einer Ecke, ich wüßte gern warum, denn sie ist die einzige in ganz Alicante. Fünf oder sechs dicke Kokotten trösten sie und schreien alle auf einmal. Das macht einen Heidenlärm! Aber sie will nicht begreifen, daß sie glücklich ist. Sie hängt an ihrem reizenden Kummer. Rinette, adieu. Vielleicht finde ich Deine Briefe, wenn ich nach Hause komme. Ich werde noch mit den Spanierinnen vertrauten Umgang pflegen. Bei so mildem Wetter besitzt alle Welt ein Geheimnis, aber es ist immer das gleiche. Denn man sieht sich an und lächelt. Und um zu lächeln, braucht man nicht drei Worte Spanisch zu wissen, und so rede ich ...

Ich habe mein Briefpapier unterm Arm, für den Fall, daß ich Dir heute abend noch schreiben möchte. Und wenn ich nicht schreibe ...

Antoine

XVIII

La Ibense
Fabrica de Helados Finos
Méndez Nùñez 4

Alicante, 2. Januar 1926 (1927)

Rinette, ich fliege weiter nach Casablanca, da
ein Postflugzeug eine Panne hat. Ich bin sehr zufrieden.

Es ist immer noch dasselbe Wetter, aber ich bin leicht melancholisch wegen meines Magens. Ich wollte mich etwas an Spanien assimilieren und probierte all die kleinen Scheußlichkeiten, die einem auf den Caféhaus-Terrassen angeboten werden. Den Anfang machte ich mit einem Dutzend kleiner Tintenfische. Dann wandte ich mich seltsamen Kuchen zu, die man aus großen Blöcken herausschneidet. Von außen sieht das sehr schön aus. Von innen ist es nicht so komisch.

Jetzt habe ich mich eben in vornehmen Posen von drei ambulanten Fotografen knipsen lassen. Ich bin nicht hübsch und niedlich, und ein Kamerad bemerkte liebenswürdigerweise, man hätte es »trotz alledem besser machen können«. Aber ich lehne mich an Palmen. Das hat Stil. Sodann bin ich auf dem Meer spazierengefahren.

Und nun gehe ich ins Kino. Dann lege ich mich schlafen, und morgen früh starte ich nach Casa.

Rinette, mein Altes, schreib mir.

Antoine

XIX

Es ist erst ein Uhr früh. In fünf Stunden geht es
los, aber ich finde keinen Schlaf. Und doch liege
ich brav im Bett.
Ich glaube, es würde mir Spaß machen, Dir zu
schreiben. Ich nehme an, Du schläfst um diese

Stunde, und so kann ich Dir gut alles erzählen, was mir durch den Kopf geht.

Es stürmt. Mein Fenster schlägt in einem seltsamen Rhythmus. Das ist genau die Sprache der Funker oder der Geister. Ich bemühe mich, sie zu entziffern, es gelingt mir nicht. Und doch würde ich gern mancherlei wissen.

Die wenigen Taxis machen einen unheimlichen Lärm in einer schlafenden Stadt. Ich liebe auch nicht diese Schritte auf der Straße. Alles, was mich von ferne streift, beunruhigt mich, ich könnte so glücklich sein.

Ich habe ein sehr schönes Zimmer. Schade, daß ich meine Schuhe auf den Tisch gestellt habe. Das verdirbt meine Landschaft.

Rinette, des Nachts bin ich nicht der gleiche. Ich habe manchmal etwas Angst, wenn ich mit offenen Augen in meinem Bett liege. Es gefällt mir nicht, daß man mir Nebel angekündigt hat. Ich will mir nicht morgen den Hals brechen. Die Welt würde nicht viel dadurch verlieren, ich aber alles. Stell Dir nur vor, was ich alles an Freundschaften und Erinnerungen und an Sonne in Alicante besitze. Und dazu den arabischen Teppich, den ich heute gekauft habe, der mich mit einer Besitzerseele beschwert – mich, der ich so leicht war, der nichts zu eigen hatte.

Rinette, ich habe einen Kameraden, dem wurden

108

die Hände verbrannt. Ich will nicht, daß mir die Hände verbrennen. Ich schau sie an und habe sie gern. Sie können schreiben, Schuhe zubinden, Opern improvisieren, die Du nicht magst, die mich aber zärtlich stimmen; das erforderte eine zwanzigjährige Übung. Und zuweilen nehmen sie Gesichter gefangen. Ein Gesicht. Stell Dir nur vor . . . Rinette, ich bin heute abend unruhig wie ein Hase, und diese Geschichte mit Dakar gefällt mir nicht recht. Und wie man mir hier erzählt, »ist dort alles in Gärung. Die nächsten Piloten, die eine Panne haben, werden von den Mauren massakriert werden«. Von den Mauren massakriert werden . . . Es ist mir nicht sehr lieb, daß dieser Satz die Nacht durchdröhnt. Nachts kommt mir alles gebrechlich vor. Auch das, was mich mit allen verbindet, die ich liebhabe. Die schlafen. Ich bin sorgenvoller als ein Krankenwärter, wenn ich nachts wach liege. Ich hüte so schlecht all meine Schätze, wenn ich über sie wache.

Ich bin ein wenig töricht. Am Tage ist alles ganz einfach. Aufbruch und Wagnis liebe ich sehr. Ich liebe das am Tage, aber nicht in der Nacht.

Nachts bin ich ein Weichling und tue mir selber leid.

Etwas Trauriges muß ich Dir noch erzählen. Ich hatte einen reizenden Freund, der ist vor drei Monaten in Tanger gestorben. Ich unternahm in Tanger eine seltsame Pilgerfahrt. Ich habe ihn gesucht.

Wo sollte ich ihn denn suchen? Mir fielen die Barmädchen ein. Er war reizend; bestimmt hatten sie ihn liebgehabt.

Rinette, sie haben ihn schlecht gehütet. Sie waren nicht treu; alle kostbaren Erinnerungen ließen sie entwischen. Und doch war das der Ort, wo man ihn suchen mußte; es war die getreueste Bemühung; denn was man von sich selber herschenken kann, verschenkt man an andere, so gut es eben geht. Und seine Familie setzte sich aus Dummköpfen zusammen. Aber die Leute kennen zuweilen nicht den Preis des Geschenkten. Und so haben sie ihm das Charmanteste und Geistvollste, was er besaß, weggestohlen, ohne sich etwas dabei zu denken.

Rinette, mein Gutes, ich verstehe nichts vom Leben. Trotzdem muß ich Dich jetzt verlassen. Dieses Paar Schuhe ärgert mich: ich mache das Licht aus.

Antoine

XX

Hôtel Excelsior
Place de France
Casablanca

(14. Januar 1927)

Rinette, ich hatte Toulouse für einen Tag verlassen.
Jetzt reise ich schon fünf Tage umher: wohin, das
wissen die Götter. Ich weiß nicht mehr recht, wo

ich bin. Gestern habe ich in Alicante zu Mittag und in Malaga zu Abend gegessen. Vielleicht liegt in Toulouse ein Brief von Dir. Er reist langsam in meinem Briefkasten. Und so werde ich finden, daß er mir köstlich eingeht, und ihn tausend Dinge sagen lassen, die Du mir niemals gesagt hast.

Denn ich lese die Briefe und lese zwischen den Zeilen. Ich suche darin das schmollende Gesicht und die Betonung und das Lächeln. Und es macht mich ganz verzweifelt, daß ich die Worte ›Es ist schönes Wetter‹ nicht aussprechen kann. Mit ›Es regnet‹ geht es ebenso. Das kann heißen: ›Welche Wonne! Es regnet. Es regnet, aber das ist mir ganz gleich...‹ oder auch: ›Mein Gott, wie Du mich anödest!‹ oder weiter: ›Ich schreibe Dir, ich weiß nicht warum. Ich habe Dir nichts zu sagen. Es regnet.‹

Und der Ton ist es, bei dem ich mogele.

Und in Toulouse liegt ein Brief für mich.

Es liegen dort auch Hemden und Kragen und Taschentücher, die mir gehören. Und Seife natürlich. Ich habe als einziges Gepäck eine Zahnbürste und einen Kamm mitgenommen. (Einen Kamm für zwei Personen. Diese Bemerkung finde ich reizend.) Für Perpignan brauchte ich nicht mehr – und dort wollte ich hin. Aber ich bin ein Spielball der Winde und träume von weißer Wäsche, von Kölnischem Wasser, von einem Badezimmer. Von zahllosen Dingen, die Duft verbreiten. Ich muß mich wieder aufbügeln lassen. Ich bin voller Öl und ganz zerknittert vor Müdigkeit.

Aber ich habe einen großartigen Scheitel. Ich profitiere von meinem Kamm.

Da ich so abgehetzt bin, geht mir mein Flug heute nachmittag noch im Kopf herum. Die Diskussionen mit der Landschaft. Der Karte zufolge sollte eine bestimmte Straße die Eisenbahn schneiden. Der Schnittpunkt dient als ein Anhalt. Aber sie kommt näher, berührt die Eisenbahnlinie, entfernt sich. Wir und die Karte sind ihr ganz schnuppe, und so schnauzt man sie an: »Du machst aber Umstände! Los doch! Hinüber ...« Verärgert verzieht sie sich nach links. Wo sind wir denn nur, zum Teufel!

Und dieser Wald, den man dicht glaubte. Der auf der Karte einen schönen grünen Flecken bildete. Man sucht ihn, aber das ist er wirklich. »Ach! Du bist der Wald? Das hätte ich niemals geglaubt. Du bist ja ganz von Motten zerfressen!« Und melancholisch betrachtet man diese zerfranste Strohmatte, die auf der Karte grün aussieht.

Von den feindlichen Gebirgsgöttern ganz zu schweigen. Man stellt sich vor, um an ihnen vorbeizukommen. Man ist auf 3000, man ist sehr stolz. Aber die feindlichen Götter ziehen dich an den Füßen, und der Höhenmesser purzelt herunter: 3000 ... 2500 ... 2000 ... 1500 ... 1000 ... und du selber ebenfalls, und dann machst du kehrt, denn das

Gebirge ist jetzt höher als du, und die feindlichen Götter kichern. Dann versuchst du durchs Tal zu entkommen und verspürst das gleiche Wohlgefühl wie eine Omelette in einer Pfanne, denn die feindlichen Götter spielen Tennis, aber mit dir.

Gestern habe ich fünfmal um Haupteslänge die höhere Ebene überklettert. Ich hatte einen weiblichen Passagier, der zu neun Zehnteln ohnmächtig war. Das ist nicht mehr ganz dasselbe wie Le Bourget ...

Hinterher setzt man sich eine Zeitlang nur mit gezwungenem Lächeln hin.

Rinette, ich bin besoffen vor Schlaf, ich sterbe vor Schlaf, ich falle um vor Schlaf. Jeder Satz, den ich sage, endet im Traum, und Du hast hier nur eine Seite davon. Und ich bin verzweifelt, daß ich von allem, was ich Dir zu sagen glaube, nichts ans Licht bringe. Ich weiß nicht mehr genau, ob ich in Casablanca bin. Ich weiß nicht mehr genau, ob Du eigentlich existierst. Laß mich ins Bett gehn, sonst schlafe ich ein, während ich Dir gegenübersitze, und das wäre unhöflich.

Rinette, ich kann nicht mehr. Es war heldenhaft von mir, daß ich geschrieben habe.

Antoine

XXI

PORTUGAL. VISTA DE LISBOA
(Vista d'Aviâo)
BILHETE POSTAL

Lisboa (12. 9. 29)

Meine alte Rinette

Ich reise ab – leider Gottes! – nach Südamerika.
Ich verbrachte in Paris zwei melancholische Tage:
ich habe niemanden wiedergesehen. Diese Abreise
kam so plötzlich!
Glaube an viel Freundschaft.

Antoine

115

XXII

Buenos Aires, 23. Januar (1930)

Rinette, welche Überraschung! Ich war so wenig
auf ein Wort von Dir gefaßt! Bestimmt hat es mir
mehr gegeben, als Du annahmst. Argentinien, wo
ich lebe – und ganz besonders Buenos Aires –,
verabscheue ich so sehr, daß das einer Invasion
tausend köstlicher und vergessener Dinge gleich-

kam. Portwein, Grammophon, Unterhaltungen am
Abend auf dem Heimweg vom Kino. Und der
Kellner bei Lipp, und Eusebio, und meine char-
mante Misere, der ich durchaus nachtrauere, weil
die Tage vom Ersten bis zum Monatsende so ver-
schiedene Farben hatten. Jeder Monat war ein
schönes Abenteuer – und die Welt war herrlich,
denn ich wünschte mir alles, da ich ja nichts haben
konnte. Man glaubt dann ein unendliches Herz zu
besitzen. Nachdem ich mir jetzt den so schönen
Lederkoffer: das Ziel meiner Träume, den extra-
weichen Hut und die Uhr mit den drei Zeigern gekauft habe, gibt es nichts mehr, worauf ich hoffen
kann. Und wie unrhythmisch ist nun das Leben in
diesen Monaten ohne Monatsende, wie trübsinnig!
Vor allem aber komme ich mir nicht mehr wie ein
leichter Schatten vor (eine ganz persönliche Empfindung, die ich damals hatte), ich fühle mich beschwert und gealtert durch eine Rolle, die ich mir
nicht gewünscht hatte – denn ich bin Betriebsleiter
der Gesellschaft »Aeroposta Argentina«, einer für
die Binnenlinien gebildeten Filiale der »Aéropo-
stale«. Ich habe ein Netz von dreitausendachthun-
dert Kilometern, das in jeder Sekunde alles aus
mir heraussaugt, was mir noch an Jugend und viel-
geliebter Freiheit geblieben war. Ich verdiene fünf-
undzwanzigtausend Francs im Monat und weiß
nicht, was ich damit anfangen soll; es macht mich

todmüde, sie auszugeben, und ich ersticke allmählich in einem Zimmer, wo ich Tausende von Gegenständen aufstapele, die mir nie etwas nützen werden, denn ich fasse eine Abneigung gegen sie, sobald sie mir gehören, und trotzdem häufe ich tagtäglich noch mehr aufeinander. Zweifellos bringe ich unbewußt einem unbekannten Gott Opfergaben dar.

Ich hause in einer kleinen Wohnung in einem Miethaus mit fünfzehn Etagen: sieben über mir, sieben unter mir, und ringsherum eine riesige Betonstadt. Ich hätte ein ebenso unbeschwertes Gefühl inmitten der großen Pyramide. Ich hätte dann die gleiche Empfindung, welch hübsche Spaziergänge sich unternehmen ließen. Unglücklicherweise leben hier überdies noch die Argentinier.

Ich frage mich, ob es in Buenos Aires eigentlich Jahreszeiten gibt. Ich frage mich, wie denn der Frühling durch diese Tausende Kubikmeter Beton durchbrechen kann. Ich denke daran, daß im Frühling ein Geranientopf auf dem Fensterbrett auseinanderplatzt. Ich liebte so sehr den Pariser Frühling. Diese Lebenslust, die da über mich kam, gleichzeitig mit den Kastanien auf dem Boulevard Saint-Germain! Dieses unerklärliche Gefühl einer Gegenwart, die sich überall mitteilte.

Aber ich weiß nicht, ob ich Paris nachtrauern soll: ich fühle mich dort so wenig zu Hause, die Leute beschäftigen sich dort so sehr mit Dingen, mit denen ich nichts zu tun habe. Sie schenken mir Bruchstücke ihrer Zeit: ich habe dort meinen unsichtbaren Platz nicht mehr inne, und das spürt man erschreckend deutlich.

Mein einziger Trost ist das Fliegen. Ich führe Inspektionen, Versuchsflüge durch, ich erkunde neue Fluglinien. Ich habe niemals so viel geflogen. Vorgestern kam ich aus dem äußersten Süden zurück: 2500 Kilometer an einem Tage: ein ganz hübscher kleiner Ausflug!

Es ist wirklich das erstemal seit Dakar, daß ich ohne Bitterkeit mit Dir reden kann. Ich hab es Dir sehr übelgenommen! Seltsam, wie Du nichts kapieren kannst, wenn Du darauf aus bist. Trotzdem sind diese entlegeneren Dinge etwas Harmloses. Ich war ein alberner dummer Junge. Oder wurde vielmehr – vor Dakar – etwas hinters Licht geführt durch die Illusionen der Jugend. Durch ihre Hoffnungen. Du hingegen warst äußerst vernünftig. Wenigstens kommt es mir so vor. Das hat mir weh getan, aber war gesund für mich. Jetzt ist es in Ordnung.

Da werde ich schon wieder bitter. Es kommt so über mich. Ich glaube, ich verteidige das Kind, das ich damals war ...

Du mußt mir sagen, wann Du ankommst: ich werde dann die Schwestergesellschaft, von der die

Linie nach Rio abhängt, bitten, daß sie mich einen Postflug machen läßt: dann könnte ich Dich erwarten oder Dich besuchen. Ich werde reizend zu Dir sein: Dich zum Trinken mitnehmen, Dir mein zweites Buch vorlesen. Ich werde Dich zum Essen einladen, Dich über Rio spazierenfliegen. Vielleicht werde ich melancholisch sein, wegen des Kindes, das ich gewesen bin.

Kommst Du vielleicht auch in diese unselige Stadt? Kennst Du Buenos Aires? Ich erinnere mich nicht mehr. Wenn Du kommst, wird es mich freuen.

Schreibe mit Luftpost. Es lohnt sich wahrhaftig nicht, daß wir uns solche Mühe mit dem Transport der Postsäcke geben, wenn die Briefe, die man uns schreibt, per Schiff gehn.

Auf Wiedersehn, Rinette.

Antoine

Passage Güemes
Departamento 605
Calle Florida
Buenos Aires
Argentinien

XXIII

Wieso, Rinette, muß ich denn ganz aus Zufall erfahren, daß Du in Rio bist; Du hast es mir nicht einmal mitgeteilt. Letzte Woche hätte ich so leicht hinüberkommen können.

Vielleicht könnte ich noch jetzt kommen, aber zweifellos wirst Du durch Frühstücke, Diners, Empfänge in Anspruch genommen, und so bist Du gewiß unsichtbar. Und außerdem scheint Dir so wenig daran zu liegen.

Wenn das Flugzeug, das vom Norden kommt, noch nicht durch ist, findest Du vielleicht die Zeit, mir eine kleine Zeile zu schicken.

Du bist mit so vielen Erinnerungen verknüpft, Du bildest einen so großen Teil meines vergangenen Lebens, daß es mir ganz unmöglich erschienen wäre, Dich bei einem Aufenthalt in Frankreich nicht zu sehen.

Du kommst nach Rio und hältst das für durchaus möglich. Und es ist sonderbar: ich fühle mich etwas gealtert, da ich sehe, wie alle meine Erinnerungen alt werden.

Antoine

Reconquista 240, Buenos Aires

(18. Juli 1930)

XXIV

Aeroposta Argentina
Reconquista 240

Buenos Aires (25. Juli 1930)

Rinette, ich schreibe Dir noch eine kleine Zeile.
Ich weiß nicht, ob ich jemals nach Rio kommen
kann. Die einzige Gelegenheit habe ich letzte Woche
verpaßt, als ich nicht wußte, daß Du da bist. Das
betrübt mich etwas.
Wann wirst Du mir antworten?
Du kennst, Rinette, meine alte Freundschaft.

Antoine

XXV

Agay (Var)[6]

Und so ist das nun . . . Weise Entschlüsse, zerrissene Briefe, wie viele zerrissene Briefe seit zwei Jahren – und dann werden mitternachts am Kaminfeuer alle Entschlüsse über den Haufen geworfen. Und so leiste ich mir den Luxus einer ganz kleinen Unvorsichtigkeit und einer ganz kleinen Niederlage.

Und trinke gut gezuckerten Tee. Und parfümiere mich an diesem Feuer, das nach Eukalyptus und Harz riecht. Und ich glaube sogar, ich lächle ganz leise in meinen Bart, denn ich schäme mich nicht ... Doch was soll ich Dir erzählen? Zur Hälfte bin ich vernünftig. Neben Dir hätte ich heute abend eine Stunde gesessen, ohne ein Wort zu sagen – ganz damit beschäftigt, einen kleinen eingeschlafenen Gedanken nicht zu verraten, ihn auszukosten, ohne ihn einzugestehn. Er ist süß, solang er noch schläft. Du hast es mir beigebracht, wie ich mich selber bemogeln kann! So muß ich Dir denn einen Brief schreiben, der überhaupt nichts bedeutet. Ein paar Schritte im Garten. Oder auch einen Brief wie beim Erwachen, wenn man sich räkelt; wenn man noch nicht recht weiß, weshalb es reizend ist, zu leben.

Ich will vor allem nichts erwarten. In Toulouse trieb es mich jede Stunde zu meinem Schließfach, vom anderen Ende der Stadt. Zuweilen kam ich von Marokko zurück, nach dreitägiger Abwesenheit. Nach drei endlosen Tagen, in denen alle Frauen der Welt Zeit gehabt hätten, mir zu schreiben. Das eröffnete mir Chancen gegenüber einer einzigen! Gern gewährte ich diese dreitägige Freiheit. Man bereitete eine Überraschung für mich vor, und ich ging spazieren, um nicht zu stören. Wie naiv war ich! Wahrhaftig, ich war ein sehr unglücklicher Junge. Und abends schrieb ich Briefe im Café Lafayette, in denen die Sätze ganz unwichtig waren, in denen ich aber meine Geheimnisse hinter der Betonung der Worte verbarg. Und wenn ich »Alicante« sagte – Alicante mit seiner Sonne, seinen Orangen... Das lächelte doch so sehr, das war doch durchsichtig wie ein Gesicht! Und all die Frühlinge, die ich in diesem Winter in der Welt verkündete – über Malaga, über Cartagena –, all diese Frühlinge, die ich eingestand... Ich war verrückt.

Denn man wünschte vor allem, nichts zu begreifen. Meine so schlecht gehüteten Geheimnisse hatten nichts zu befürchten. Später schrieb man mir dann nach Senegal: »Schick mir schnell mehr Briefe, ich hab Deine Briefe so gern...« Da war ich eifersüchtig auf meine Briefe und glich dem braven Mann, der aus Taktgefühl einen echten Stein als falschen verschenkt hatte. Man profitierte davon, man bedankte sich für den falschen Stein: »Schick mir schnell noch mehr...« Und: »Was für ein Halunke, daß er mir keinen mehr schickt.«

Armer braver Mann!

Bestimmt! Lieber hätte ich mich ganz in kleine Stücke schneiden lassen, als noch zu schreiben.

Aber die Beruhigung, die die Jahre bringen, so viele Dinge, durch die man hindurchgegangen ist, oder auch die Frauen in Casablanca oder vielleicht

ein gewisses Altern des Herzens, kurzum alles das ...
Es ist vielleicht nicht mehr so wichtig.
Zweifellos lüge ich etwas.
Zweifellos kam noch dieser wenig anständige Trick
eines Chansons über »La Vie Parisienne« dazu und
der heimtückische Versuch, mich durch ein weiteres
Lied auf der Gitarre zu betören. Gewiß das gleiche,
das Dalila sang, um Simson die Haare abzuschnei-
den. Simson schwante der Betrug, denke Dir! Aber
diese Melodie gefiel ihm weit besser als sein Haar-
schopf.
Die Nacht schreitet ganz sachte voran, und ganz
sachte schlafe ich ein. Und ich bin mißtrauisch
gegen meine Geständnisse. Es besorgt mich, daß
ich meinen großen Groll vergessen habe: das ist
schlimm. Bin ich vielleicht auch entzückt über meine
Schwäche? Ich will es nicht wissen, ob ich in der
Falle gefangen bin oder nicht, ein Simson, der sich
nicht zu rühren wagt, um den Faden zu zerreißen,
ein Simson, den es aufs höchste erstaunt, daß er
jener in einer Falle des Vogelstellers gefangene
Page ist.

Antoine

ANMERKUNGEN

1 Yvonne de Lestrange, in jener Zeit (1925–1926) Duchesse de Trévise.

2 Titel der ersten Fassung des »Südkurier«, die in der Ausgabe vom 1. April 1926 (Nr. 11 dieser Zeitschrift) erschienen ist. Die Erzählung erschien mit einem einleitenden Hinweis von Jean Prévost.

3 Der Brief ist nicht datiert; er wurde wahrscheinlich im Herbst 1923 geschrieben.

4 Nicht datiert, vermutlich im Frühjahr 1925 geschrieben.

5 Im Hause von Madame d'Agay, der jüngeren Schwester Saint-Exupérys.

6 Nicht datiert, vermutlich im Frühjahr 1931 geschrieben.

Die Wiedergabe der Briefe versucht so weit wie möglich, dem eigenen Gedanken- und Sprachrhythmus Antoine de Saint-Exupérys zu folgen, ohne in jedem Fall Rücksicht auf die üblichen Regeln zu nehmen.